C·H·Beck

PAPERBACK

Warum siezt man sich im Deutschen? Weshalb macht man blau, sieht man schwarz und ist die Hoffnung grün? Was hat es mit der Suche nach dem Heiligen Gral und nach dem Stein der Weisen auf sich? Weshalb gilt die Drei als heilig und die Sieben als magisch? Wie viele Himmelsrichtungen gibt es in China? Was ist eigentlich Fersengeld, was ein Pfingstochse, und warum gibt es überhaupt Aprilscherze?

Peter Köhler nimmt die Leser mit auf eine informative und vergnügliche Reise durch die Kulturgeschichte, zeigt den Einfluss von Religion, Mythologie, Philosophie, Sozialgeschichte, Literatur und Alltagskultur auf die Sprache und zeichnet am Beispiel von Wörtern, Dingen und Gebräuchen die verschlungenen und oft überraschenden Wege nach, die das menschliche Leben und Denken seit der Antike genommen hat. Analytisch und amüsant entblättert Peter Köhler die Geheimnisse der Blumensprache, die Rätsel der Farbsymbolik, die unbekannten Hintergründe von Wörtern und Redensarten. In über 70 Artikeln erklärt er Wissenswertes und Unterhaltsames von *Alkohol* bis *Zahlenmagie*.

Peter Köhler ist Journalist und Schriftsteller. Er arbeitet als Literaturkritiker und Satiriker für verschiedene Zeitungen und Zeitschriften und hat zahlreiche Anthologien und Sachbücher veröffentlicht. Er ist Mitglied der satirischen «Neuen Göttinger Gruppe» und gehört der Jury des Satirepreises «Göttinger Elch» an. Bei C.H.Beck erschien zuletzt von ihm «FAKE. Die kuriosesten Fälschungen aus Kunst, Wissenschaft, Literatur und Geschichte» (2015).

Peter Köhler

Basar der Bildungslücken

Kleines Handbuch
des entbehrlichen Wissens

C.H.Beck

1. Auflage in der beck'schen Reihe. 2000
2. Auflage. 2001
3. Auflage. 2007 (limitierte Sonderausgabe)

4., überarbeitete Auflage in C.H.Beck Paperback. 2017

© Verlag C.H.Beck oHG, München 2000
Satz, Druck und Bindung: Druckerei C.H.Beck, Nördlingen
Umschlagentwurf: Geviert Grafik & Typografie, Florian Scheuerer
Umschlagabbildungen: Florian Scheuerer
Printed in Germany
ISBN 978 3 406 70841 1

www.chbeck.de

Inhalt

Vorbemerkung

Der Heidelberger Jurastudent Victor Hase musste sich im Wintersemester 1854/55 vor dem Universitätsgericht verantworten. Rein zufällig hatte er seinen Studentenausweis verloren und dadurch einem Kommilitonen, der einen andern im Duell erschossen hatte, zur Flucht über die badisch-französische Grenze nach Straßburg verholfen. Standhaft blieb der angehende Jurist bei seiner Aussage: «Mein Name ist Hase, ich verneine die Generalfragen, ich weiß von nichts!» Die Rede machte die Runde in Heidelberg, dann in Deutschland und wurde, unter Wegfall der juristischen Einlassung, zum geflügelten Wort.

Wie diese Geschichte zeigt, kann es von Vorteil sein, nichts zu wissen. «Wissen ist Macht – nicht wissen macht nichts», scherzt bekanntlich auch der Volksmund und tut tatsächlich insofern Wahrheit kund, als eben nicht jedes Wissen nützlich im Beruf und unverzichtbar zum Leben ist. Woher zum Beispiel eine Redensart stammt, das ist schön zu wissen, aber nicht unbedingt notwendig: Von dieser leichten, luftigen Art aber soll der Stoff sein, der auf den folgenden Seiten ausgebreitet wird.

Es geht also nicht darum, einen Bildungskanon zu vervollständigen, den irgendeine Autorität zu welchem Zweck auch immer aufgestellt hat. Von einem solchen verbindlichen Kanon mögen Schulmeister heute wieder träumen, doch im Grunde sind sich alle anderen einig, dass es ihn nicht mehr gibt und so bald nicht wieder geben kann. Ohnehin weckt der Traum vom Kanon die Furcht, nun müsste nach Lehrplan gepaukt und Lernstoff gebimst werden. Die simple Formel lautet deshalb: Kanon nein, Bildung ja, und hier stehen an erster Stelle nicht Pflicht und Arbeit, sondern Lust und spielerische Neugier.

Bertolt Brecht zählte einmal in einem Gedicht seine alltäglichen «Vergnügungen» (so der Titel) auf. «Der erste Blick aus dem Fenster am Morgen» gehörte dazu und «das wiedergefundene alte Buch», «bequeme Schuhe» ebenso wie «die Dialektik», wie «Duschen, Schwimmen» und, ganz einfach, «Begreifen»: die Freude also, Unbekanntes kennenzulernen, Bekanntes tiefer zu erfassen, verdeckte Zusammenhänge aufzuspüren, verborgene Bedeutungen zu verstehen, kurzum, zwanglos sein Wissen zu erweitern und spielerisch seine Bildung zu vermehren. Wer diesen Bildungsweg mit Genuss geht, wird nicht nur auf die großen Monumente aus Kunst, Kultur und Wissenschaft stoßen, sondern ständig kleine Entdeckungen machen und auch jene Nebensachen und Petitessen schätzen lernen, die, von den meisten unbemerkt, in der Sprache und im Alltag schlummern. Und er wird ein Vergnügen darin finden zu erfahren, wie zum Beispiel die Wörter wurden, was sie sind, was hinter den Redensarten steckt, woher manche Begriffe kommen, welcher Sinn diesem oder jenem Brauch zugrunde liegt, was es mit alltäglichen Dingen für eine tiefere Bewandtnis hat.

Ob das immer einen direkten Zweck und Nutzen hat, ist eine andere Frage, und die Antwort lautet: Den muss es gar nicht haben. Zwar beruht letztlich alle Bildung wesentlich auf Geschichte, doch zum Leben braucht man sie eigentlich nicht. Aber – die Gegenwart ist das, was von der Vergangenheit übrig ist – die Geschichte macht die Gegenwart durchsichtig. Und wer mit der Sprach- und Kulturgeschichte ein bisschen vertraut ist, wird am Ende immerhin wissen, «wo Barthel den Most holt».

Guten Tag In Bayern kann es passieren, dass der norddeutsche Gast «Guten Tag» sagt und die Einheimischen «Grüß Gott» erwidern, sagt man aber selbst «Grüß Gott», so schallt ein «Guten Tag» zurück. Daraus den Schluss zu ziehen, künftig gar nicht zu grüßen, wäre verkehrt. Denn Grußformeln sind zwar landschaftlich verschieden – aber immer notwendig: Wer nicht grüßt, ist unhöflich oder arrogant, und wer nicht zurückgrüßt, also jemanden schneidet, beleidigt den anderen.

Sich zu grüßen ist höflich und war einst eine Geste der Unterwerfung: Wer sich verbeugt oder sogar einen Diener macht, beugt den

Nacken, und wer einen Knicks macht, verkleinert sich. Das Gleiche tat, wer vor einem Mitglied der Gesellschaft einen Bückling machte, vor einem hohen Aristokraten einen Kratzfuß oder gar, wie einst in China vorgeschrieben, vor dem Kaiser einen Kotau. Auch wo keine Hierarchie bestätigt werden soll, ist das Grüßen sinnvoll: Wer grüßt, ist friedlich gesinnt, weshalb man sich seit dem Mittelalter die Hand gibt, um zu zeigen, dass man keine Waffe führt, und den Hut abnimmt, der damals ein Helm war. «Pax vobiscum», Friede sei mit euch, wünscht der katholische Pfarrer seiner Gemeinde; und wenn Araber und Juden, die mit «Salam» bzw. «Schalom» grüßen, einander beim Wort nähmen, schlössen sie endlich Frieden.

In manchen sprachlichen Grußformeln steckt noch die alte Unterwerfungsgeste. *Servus* ist eine lateinische Abkürzung und heißt «(ich bin dein) Diener»; genauso verhält es sich mit dem italienischen *ciao*, das von «schiavo», nämlich «Sklave», herrührt. Merkwürdigerweise haben *ciao* und seine Eindeutschung *tschau* samt dem niedlichen *tschaui* nichts zu tun mit *tschüs* und dessen Varianten *tschüssi, tschüssing, tschüsschen, tschüssikowski* und *tschö*, ja sogar *tschöchen*: Sie alle stammen vom französischen *adieu* ab. Das heißt eigentlich «(ich empfehle dich) Gott» und wanderte über das wallonische *adjuus* ins rheinische Platt, wo man «adjüs», «tjüs», «tschüs» sagte, und in die deutschsprachige Schweiz, wo man zum Abschied «tschüssli» sagen kann.

Adieu, «Gott befohlen», ist eines der frommen Grußworte, die die Kirche im Mittelalter förderte. Auch *Guten Tag* und *Grüß Gott* gehören hierher und stehen sich also näher, als es scheint. «Got grüeße dich», sagte man; die Kurzform *Grüß Gott* ist also gar keine Aufforderung, die man scherzhaft «Grüß ihn selbst, wenn du ihn siehst» pariert, sondern hieß im Klartext: Gott möge dich freundlich anreden, beschützen. Das kurze *Guten Tag* wiederum geht zurück auf Wendungen wie «goden dach got geve dir!» und «got gebe dir gueten abend!». Das bayerische *Pfüati* heißt hochdeutsch ausgeschrieben «Behüt dich Gott», und ähnlich ist auch das englische *Good-bye* aus «God be with you» entstanden. (Und der saloppe Abschiedsgruß *So long* soll übrigens aus einem verballhornten hebräischen *Schalom*, Frieden, herrühren.)

Die Grüße werden ständig kürzer, heute genügt schon ein knappes «'n Abend», «Tag!» oder, im hohen Norden: «Moin!» Überraschenderweise ist das aber kein verknarztes «Morgen!» oder «Morj'n!», sondern kommt vom plattdeutschen «moi» (schön, gut) her und ist die Kurzform von «'n moin Dag, Mörgen, Avend» – was erklärt, weshalb man «Moin!» zu jeder Tages- und Nachtzeit sagen kann.

Kurz ist auch das amerikanische *Hi*, das sich derzeit einbürgert und einem deutschen *He* entspricht. Weit verbreitet ist noch immer *Hallo*, ein alter Ruf, der mit «hallen» und «holen» zusammenhängt. «Hol über!» rief man einst den Fährmann herbei, und noch heute geben die Fährleute, die bei Leer die letzte Treidelfähre Ostfrieslands in Betrieb halten, einander das Kommando: «Hall över!» Diese plattdeutsche Version wird beim *Hallo* Pate gestanden haben, wobei wahrscheinlich der alte Ausruf «holla!» mitgewirkt hat, den man bei einer Überraschung äußert. Eine ganz andere Theorie vertreten die Ungarn: Danach sei das Wort beim Aufbau des ungarischen Telefonnetzes erfunden worden. Tatsächlich heißt «hören» auf ungarisch: «hall». Auch das o kommt in den Konjugationsformen vor: «Ich höre» heißt «hallom» oder «hallok», je nachdem, ob das folgende Objekt bestimmt (der, die, das) oder unbestimmt ist.

Älter als fast alle bisher genannten Grußfloskeln ist das *Heil*. Es stammt aus germanischer Zeit und hat sich in Berufsformeln wie *Petri Heil* und *Weidmanns Heil* erhalten, die dem Angler und Jäger Glück wünschen. Ursprünglich bedeutete es «Gesundheit», genau wie das schweizerische *Salü*, das übers französische «salut» aufs lateinische «salus» zurückgeht. Im Unterschied zum *Salü* und anders als *Hallo*, *He*, *Hey* und *Hi*, die ein bisschen ähnlich klingen und ihre Entstehung ihm vielleicht mitverdanken, ist das *Heil* aus dem bekannten Grund außer Verkehr geraten. Ende des 19. Jahrhunderts riefen die österreichischen Deutschnationalen nicht mehr «Hoch!», wenn der Kaiser kam, sondern «Heil!». Das muss Hitler gefallen haben. Den Nebensinn bemerkte kaum einer: «Heil Hitler»? «Heil du ihn!»

Das *Wiedersehen* indes ist jung: Erst nach 1914 verdrängte es das französische *Adieu*. In seinem 1928 erschienenen Roman «Jahrgang 1902» schilderte Ernst Glaeser, wie bei Ausbruch des Ersten Weltkriegs der nationale Taumel auch dieses Wörtchen hinwegfegte: «Als wir um die Ecke der Firma David Silberstein bogen, stand an dem Haupteingang Leos rothaariger Bruder und schraubte an die Tür ein Zelluloidschild, das mit den deutschen Farben bedruckt war und in schöner Frakturschrift verkündete: Fort mit dem welschen Gruß Adieu – grüß deutsch!! – ‹Auf Wiedersehen!›»

Indes kann auch das Wiedersehen seine Herkunft vom bösen Erbfeind nicht verleugnen: Es handelt sich nur um die Übersetzung von *au revoir*.

Vom Du zum Sie   Jacob Grimm, der sich im zweiten Band seines «Deutschen Wörterbuchs» mit dem Du, Ihr und Sie befasste, hielt die differenzierten Anredeformen schlicht für «verirrungen des sprachgeistes». Ihn störte das «widernatürliche und ungrammatische» der sprachlichen Konstruktionen beim Ihrzen und Siezen und vor allem die Ungleichheit «der geselligen verhältnisse», die darin zum Ausdruck kommt.

Dem radicalen Democraten Jacob Grimm hätte das einfache, freie, gleiche Du genügt, aber die Verhältnisse, die waren nicht so. Und das seit tausend Jahren: Schon im 9. Jahrhundert begann man, hochgestellte Persönlichkeiten zu ihrzen – wahrscheinlich weil die Herrschaften selbst von sich in der Mehrzahl sprachen, in jenem Pluralis majestatis, den noch «Wir Wilhelm, von Gottes Gnaden deutscher Kaiser» zu verwenden beliebten. «Wir» klingt buchstäblich nach mehr als «ich», weshalb schon die römischen Kaiser auf dieses Stilmittel verfielen – und in ihrer Nachfolge die karolingischen Herrscher, als deren erster Karl der Große im Jahr 800 in Rom zum Kaiser gekrönt ward.

Als das Ihrzen auch im Bürgertum üblich geworden war, kam beim Adel die Anrede Er bzw. Sie, jeweils in der Einzahl, in Gebrauch. Noch im 17. Jahrhundert war das eine ehrerbietige Ansprache, denn sie klang unvertraulich und distanziert. Aber gerade deshalb eignete sie sich auch gegenüber den niederen Chargen, zu denen man Abstand hielt. Bisher hatte man sie geduzt, was unangenehm vertraut klingen konnte. Das Er vermied das, und die Verhältnisse kehrten sich um – es wurde zur Anrede an den subalternen Domestiken: «Woyzeck, Er hat keine Tugend! Er ist kein tugendhafter Mensch!», rüffelt der Hauptmann die Titelfigur in Georg Büchners Drama. Noch schärfer ist die man-Ansprache, die man noch heute hören kann und für die Eckhard Henscheid in einem Essay über Anredeformen («Er Hundsfott, halt er's Maul!») ein ironisches Beispiel brachte: «Hat man schon in der Volksschule gepennt, ja? Ja, ist man denn noch zu retten, man Blödmann!»

Eine respektvolle Anrede jenseits des verbürgerlichten Ihr aber fehlte nun. Ende des 17. Jahrhunderts kam als letzter Schrei das Plural-Sie auf, das Jacob Grimm einen «Fleck im Gewande der deutschen Sprache» nannte und das just zu seiner Zeit, im 19. Jahrhundert, das Ihrzen auch im Bürgertum und damit endgültig verdrängte. Vergeblich hatte sich noch Johann Gottfried Herder dieser Entwicklung entgegengestemmt: «Nur die Sprache ist wahre Umgangssprache, wo ich du oder Ihr sage. Da seh ich den Menschen ins Gesicht. Unsere Sprache geht durch die 3 [sic] Person des Singular oder Plural immer kriechend um die andern herum.»

Entstanden ist das Mehrzahl-Sie im Zusammenhang mit Wendungen wie «Euer Gnaden». Bezog man sich in der späteren Rede auf diesen Plural, so sprach man logischerweise von «Sie»: «Haben Euer Gnaden wohl gespeist? Haben Sie noch einen Wunsch?» Das Sie steht in der Mehrzahl, also auch das Verb, weshalb man es zeitweise auch bei einem Singular-Hauptwort ehrerbietigst in den Plural setzte: «Herr Konsistorialrat haben sich zur Ruhe gelegt. Was wünschen die Dame?»

Leute, die sich siezen, bekunden zumindest förmlich Respekt voreinander. Geschieht das Siezen allerdings einseitig, so spiegelt sich darin ein Herrschaftsverhältnis – und sei es nur dasjenige innerhalb der Familie, wo einst auch die Kinder ihre Eltern mit Sie anzusprechen hatten. (Noch heute halten manche russlanddeutschen Familien daran fest.) Das Duzen hingegen steht für Gleichheit, und unter Arbeitern war es immer selbstverständlich. Daran knüpften in den sechziger Jahren die sozialistisch inspirierten Studenten an und benutzten das egalitäre, solidarische und die Klassenschranken ignorierende Du. Durchgesetzt haben sie sich damit gesellschaftlich nicht, sondern nur in der Studentenschaft und allgemein unter jungen Erwachsenen: Hier, wo früher das Siezen der normale Ton war, duzt man sich seither.

Das Siezen ist eine «widernatürliche und ungrammatische» Form, aber das Duzen löst eben auch nicht die Probleme, die die gesellschaftliche Differenzierung aufwirft. Die Angelsachsen machen trotz des egalitären «you» feine Unterschiede. Zunächst einmal ist festzuhalten, dass man im Englischen, dessen Personalpronomen «thou» verloren gegangen ist, gar nicht per du ist, sondern eher distanziert per Ihr, das der Königin ebenso wie dem Haushund gegenüber zur Anwendung kommt. Nach Rang, Respekt, Vertrautheit fällt die Anrede jedoch stets anders aus (sofern sie überhaupt zulässig ist): etwa ob man mit Titel anspricht, mit Vornamen oder mit Nachnamen, mit «Miss» oder «Misses» bzw. mit «Mister», und wenn ja, ob mit oder ohne Namen usw. Da hast du, deutscher Leser, deutsche Leserin, es mit dem Sie womöglich einfacher.

Herr, Frau, Fräulein «Allerdurchlauchtigster Großmächtiger Kaiser, Durchlauchtigste Fürsten, Gnädigste und Gnädige Herren!» So wird Martin Luther auf dem Reichstag zu Worms im Jahr 1521 die Versammlung angeredet haben. Heute würde ihm die Allerweltsanrede «Meine Damen und Herren!» genügen, wenn er sich nicht den früheren Bundespräsidenten Heinrich Lübke zum Vorbild nähme, der sein Publikum gern mit «Meine lieben Landsleute» ansprach und dem schon mal ein «Sehr geehrte Damen und Herren, liebe Neger» herausgerutscht sein soll.

Noch um 1800 hatte man die Mitglieder des Württembergischen Landtags anzusprechen mit: «Hochwürdige, achtbare, wohlgeborene, insonderheit großgünstige, hochzuverehrende Herren!» Inzwischen ist im Parlament wie im Alltag die Anrede auf ein simples «Herr» oder «Frau» reduziert, denn wahrlich, wir leben in demokratischen Zeiten. Dabei war paradoxerweise der «Herr», der mit «hehr» zusammenhängt, einst dem Allerhöchsten vorbehalten: Nur Gott durfte so angesprochen werden. Der «Herrgott», entstanden aus der mittelhochdeutschen Anrede «herre got», zeugt noch davon. Im 9. Jahrhundert wurden dann auch hochgestellte Menschen als Herr adressiert. Das althochdeutsche «heriro», eigentlich «älter, erhabener», bildete die spätantike römische Anrede «senior» nach. Der Sprecher erhöhte also den Angesprochenen, was immer ein guter Kunstgriff ist, um Sympathie zu ernten. «Alter hat Vorrecht», sagt ein Sprichwort.

Zunächst blieb der «Herr» den Adligen vorbehalten, doch bald adressierte man so auch die Mitglieder der städtischen Obrigkeit. Dann ging er über auf Geistliche, auf Personen mit irgendeiner Autorität überhaupt und auf das Familienoberhaupt. Seit dem 17. Jahrhundert endlich ist diese Anrede nurmehr eine höfliche Ehrbezeigung. Heute wird sie sogar – zwar nicht unbedingt im direkten Verkehr, aber wenn man von jemand Abwesendem in der dritten Person spricht – auch abschätzig verwendet: «Was denkt sich Herr Schröder eigentlich? Der Herr Bundestrainer wird sich etwas einfallen lassen müssen.»

Bevor «Herr» und «Frau» ihren Siegeszug antraten, hießen sie, im Althochdeutschen, «Fro» und «Fru»: Formen, die mit «Fürst» und «First» sowie dem englischen «first» zusammenhängen und also auf die Bedeutung «der Oberste, der Erste» abzielen. Der «Fro» steckt im Frondienst, ist aber ansonsten dem noch gewichtigeren Herrn zum Opfer gefallen. Die «Frau» dagegen musste auf eine entsprechende Rangerhöhung verzichten und sich vielmehr dem Manne als ihrem Herrn unterordnen. Aber immerhin war die Frau eine Dame von Stand, und die Hausfrau war keineswegs ein Heimchen am Herd, sondern die Chefin im Haus.

Das «Fräulein», das heute fast nur noch der Kellnerin gilt, war im Mittelalter eine hochadlige Jungfrau und blieb bis ins 19. Jahrhundert der Aristokratie vorbehalten. Wenn in Goethes Drama Gretchen auf Fausts Frage «Schönes Fräulein, darf ich wagen, Arm und Geleit Ihr anzutragen?» antwortet: «Bin weder Fräulein, weder schön, kann ungeleitet nach Hause gehn», so gibt sie damit auch zu verstehen, dass sie bürgerlichen Standes ist. In dieser Schicht war die unverheiratete Frau kein Fräulein, sondern eine Mamsell, die vom französischen «Mademoiselle» kommt. Das männliche Gegenstück des Fräuleins war der Junker, der mittelalterliche «juncherre», der junge, noch nicht zum Ritter geschlagene Herr. Später nannte man so den Sohn eines Adligen, vor allem eines adligen Großgrundbesitzers. Großgrundbesitzer gab es vor allem östlich der Elbe, weshalb «Junker» schließlich zum Synonym für den ostelbischen Großagrarier wurde.

Wie aber spricht man jemanden an, dessen Namen man nicht kennt? Engländer können «Sir» oder «Madam» sagen, Franzosen «Monsieur» oder «Madame», den Deutschen aber fehlt eine entsprechende Vokabel. Weiß man Titel oder Amt, so kann man pflichtschuldigst «Herr Doktor» oder «Frau Minister» sagen. Unter Umständen kann man auch zum jovialen «Meister» oder «Kollege» greifen – sofern das keine kränkende Gleichstellung mit sich bringt. Der österreichische Humorist Roda Roda verbat es sich einmal, von einem Bewunderer als «Meister» angeredet zu werden, der daraufhin versetzte: «Wenn einer weder Baron ist noch Doktor, sagen Sie selbst, wie soll man so einen Trottel anreden?»

Die Spektabilität und Magnifizenz des Erlauchten Alle Menschen sind gleich, aber manche sind, wie man weiß, gleicher als andere. Sie sind in Amt und Würden und haben einen Titel. Haben sie studiert so manches Jahr, so heißen sie Magister, Doktor gar, womöglich auch Professor.

Der Magister, einst weit verbreitet und dann fast verschwunden, kam vor der Bologna-Reform, als manche Studiengänge mit einem Magisterexamen abschlossen, noch mal zu Ehren. In nichtakademischen Kreisen aber war er immer verbreitet und hoch angesehen: Der «Meister» leitet sich von ihm her.

Ursprünglich bezeichnete «Magister» den Vorsteher, den Leiter, was erklärt, weshalb die Stadtverwaltung oder die Stadtregierung auch Magistrat heißen kann. Das geschieht nach antikem Muster: In Rom übten die gewählten Stadtbeamten wie Konsul, Quästor oder Diktator ein Ehrenamt aus, eben einen «magistratus».

In Deutschland war der Magister vor allem ein Lehrer, genau wie der Doktor, der seinen Namen dem lateinischen Verb docere, «lehren», verdankt. Schon im 16. Jahrhundert nannte man so auch den

Arzt, um ihn vom unstudierten Heilkundigen zu unterscheiden – eine Trennlinie, die man heute zwischen Arzt und Heilpraktiker zieht.

Vom Tätigkeitswort «docere» stammt auch unser «dozieren» ab, was darauf hinweist, dass der Doktor ein besserer Lehrer war, nämlich ein Gelehrter. Noch mehr als ein Doktor war und ist ein Professor, nämlich ein «öffentlicher Lehrer». Tatsächlich übt der Professor immer eine wissenschaftliche Tätigkeit in Forschung und meist auch Lehre aus, was der Doktor, wenn er seinen akademischen Grad erst einmal erworben hat, nicht mehr muss. Zugrunde liegt dem «Professor» das lateinische Verb «profiteri», das «öffentlich bekennen, anmelden» meint: Danach ist der Professor also ein Profi, der seine Tätigkeit öffentlich anmeldet und nicht wie ein Amateur nur Handgelder aus schwarzen Kassen erhält – außer vielleicht für seine Nebentätigkeiten.

Früher sprach man die «Frau Doktor» und den «Herrn Professor» mit dem Titel an. Doch seit unter den Talaren der Muff von tausend Jahren ruchbar wurde, sind diese Anreden wie manche andere an der Alma Mater selten: nämlich auch die «Spektabilität», also «Ansehnlichkeit», die Anrede des Dekans, und die «Magnifizenz», also «Großartigkeit, Erhabenheit», wie man den Universitätsrektor titulierte.

Wo Ungleichheit Programm ist, sind Rang, Titel und Anrede wichtig. Dann muss es exzellente «Eminenzen» (z. B. Kardinäle) und eminent wichtige «Exzellenzen» (z. B. Staatsmänner und Diplomaten) geben, und über allen thront am besten der König, der «aus vornehmem Geschlecht» stammt, so die Urbedeutung des germanischen Wortes, das mit dem lateinischen Wort für Geschlecht, «genus», verwandt ist. Der König ist eine Majestät, was vom lateinischen «maior» herrührt, das heißt «größer», denn schon in der Antike war der Herrscher größer als die gewöhnlichen Sterblichen.

«Maiestas» heißt auch «Würde». Aber Würde ist, nach Karl Kraus, nur die konditionale Form von dem, was einer ist, und der Blick auf das Gebaren manches antiken und neuzeitlichen Herrschers und Würdenträgers gibt ihm recht.

«Euer Merkwürden», so sprach in der britischen Krimiserie «Die

Zwei» der amerikanische Dandy (Tony Curtis) seinen britisch-aristokratischen Partner (Roger Moore) an. Standesgemäß wäre eher «Durchlaucht» gewesen: So wird jedenfalls ein Fürst angesprochen. Das Wort hängt mit «durchleuchten» zusammen und kam im 15. Jahrhundert als Übersetzung von lateinisch «perillustris» auf, was «sehr strahlend, berühmt» bedeutete. Wer keine ganz so helle Leuchte war, weil es nur bis zum Reichsgrafen gereicht hatte, durfte immerhin noch erlaucht sein, was von «erleuchten» herkommt und ebenfalls im 15. Jahrhundert das lateinische «illustris» (strahlend, berühmt) verdeutschte.

Viele Titel wirken heute lächerlich, und auch die Titelsucht selbst. Einen Scherz mit ihr erlaubte sich jener Vater, der auf dem Standesamt die Geburt eines Sohnes anmelden wollte und sagte: «Ich möchte ihm den Vornamen ‹Doktor› geben, damit er sich später die Universität sparen kann.»

Des Kaisers Bart Welche Farbe hatte Kaiser Barbarossas Bart? So unsinnig die Frage klingt, man kann trefflich darüber streiten. Jedenfalls ließ Emanuel Geibel in seinem Gedicht «Von des Kaisers Bart» drei Burschen sich darüber in die Wolle kriegen: Der eine behauptet, er sei schwarz, der zweite, er sei braun gewesen, und der dritte meint, er sei im Alter weiß geworden. Man erhitzt sich und zieht sogar den Degen – und das alles wegen jenes Kaisers Friedrich I., der den Beinamen «Rotbart» führte.

Es handelt sich um einen ganz überflüssigen Streit, und Emanuel Geibel mahnt darum: «Zankt, wenn ihr sitzt beim Weine, / Nicht um des Kaisers Bart.» Die Redensart ist freilich älter und soll auf jene Gelehrten zielen, die sich darüber stritten, welche römischen und deutschen Kaiser einen Bart getragen hätten und welche nicht. Das allerdings war kein Streit um Nichtigkeiten, weil die Antwort für die Zuschreibung von Bildnissen und Münzen Gewicht hatte.

Wahrscheinlich ist die Geschichte vom Gelehrtenzank nur gut ausgedacht, um eine unverständlich gewordene Redensart begreiflich zu machen. In Wahrheit stammt sie aus der Antike: Der römische Satiriker Horaz spottete in einem Brief über das Ansinnen, Ziegenhaar als Wolle zu bezeichnen. In diesem Gewölle hat der Bart des Kaisers seinen despektierlichen Ursprung, denn das «Kaiserhaar» ist nichts als ein Kalauer, eine Verballhornung von «Geißenhaar».

Keineswegs um wertlose Dinge ging es, als Jesus von den Pharisäern nach dem Zinsgroschen gefragt wurde. Jesus verwies auf das Abbild des Kaisers auf den Münzen – ob mit oder ohne Bart, ist nicht überliefert – und tat seinen berühmten Ausspruch: «So gebt dem Kaiser, was des Kaisers ist, und Gott, was Gottes ist.» Anders gesagt, man soll seine Pflicht gegenüber der Obrigkeit erfüllen; das Reich des Herrn aber ist nicht von dieser Welt. Die Kirchensteuer muss natürlich trotzdem gezahlt werden; deshalb fügte der kritische Kirchenhistoriker Karlheinz Deschner dem Bibelzitat die Bemerkung an: «Das heißt: Was übrig lässt Christus, das holt der Fiskus.»

Der Kaiser soll ruhig seinen Schnitt machen, so jedenfalls Jesus. Um einen weiteren Kalauer unterzubringen: Der Kaiserschnitt hat damit nichts zu tun. Aber der Urahn aller Kaiser, behauptet der römische Autor Plinius, sei durch einen solchen auf die Welt gekommen. Bekanntlich rührt das Wort «Kaiser» vom römischen Diktator Gaius Julius Caesar her. Der nun verdanke seinen Namen dem Stammvater seines Geschlechts: «Caesar» verweise auf «caedere», was unter anderem «herausschneiden» bedeute, und der erste Träger dieses Namens, so geht die Sage, sei bei der Geburt aus dem Leib der Mutter herausgeschnitten worden. Seit dem Mittelalter nennt man deshalb die operative Entbindung «sectio caesarea», Kaiserschnitt.

Die Kaiser sind gegangen, der Kaiserschnitt ist geblieben, während selbst das Kaiserwetter der Vergangenheit angehört. Kaiser Franz Joseph I. von Österreich dagegen kannte es. Er hatte am 18. August Geburtstag und konnte sich meist über strahlend schönes Wetter freuen – und über das schöne, zu seinen Ehren geprägte Wort.

Die normalen Sterblichen konnten sich außerdem darüber freuen, dass der Kaiser zwar der höchste Herr auf Erden, aber in existenziellen Dingen auch nur ein Mensch wie alle ist: Darauf stellt die vom witzigen Kontrast lebende und die Tabuworte fürs stille Örtchen vermeidende Redensart ab, man müsse dorthin, wohin auch der Kaiser zu Fuß geht.

Der Friedrich Wilhelm Staatsmänner unterschreiben nichts. Wenn man ihnen die fix und fertig ausgehandelten Verträge und Abkommen vorlegt, unterzeichnen oder signieren sie sie vielmehr. Unsereins ist weniger feierlich, wenn die Versicherungspolice oder die Banküberweisung noch eine Unterschrift braucht: Wir setzen einfach unseren Friedrich Wilhelm darunter.

Seinen Friedrich Wilhelm daruntersetzen – das klingt salopp und ist profan. Kein Wunder, dass es auf die hohen Regierenden nicht zu passen scheint. Das war einmal anders. Wenn jener preußische Monarch, der 1713–1740 regierte und als Soldatenkönig in die Geschichte einging, seinen Namen unter einen Erlass schrieb, so setzte er in der Tat majestätisch seinen Friedrich Wilhelm darunter – er hieß schließlich so. Er war der erste von vier Friedrich Wilhelms, die als preußische Könige 1786–1797 (II.), 1797–1840 (III.) und 1840–1861 (IV.) regierten – vom Großen Kurfürsten Friedrich Wilhelm (1640–1688) und den weiteren Solo-Friedrichs und -Wilhelms der Hohenzollern aus gutem Grund nicht ganz zu schweigen: Schließlich waren der dritte Friedrich und vor allem die beiden Wilhelms sogar deutsche Kaiser, weshalb man, statt zu unterschreiben, auch ganz ironisch «seinen Kaiser Wilhelm druntersetzen» kann. Dass obendrein – wie der Herr, so's Gescherr – auch viele Untertanen Friedrich oder Wilhelm oder gleich beides hießen, kann die Ausbreitung der Redensart nur gefördert haben.

Preußens Gloria ist längst vorbei, und die Kurfürsten, Könige und Kaiser aus dem Hause Hohenzollern hätten wohl kaum gedacht, dass sie im Sprachgebrauch der Nachwelt auf der Schwundstufe einer scherzhaften Redensart fortexistieren. Zeitweilig lebte der «Friedrich Wilhelm» sogar noch in einer zweiten Version weiter: Wer nämlich spendabel war, der hatte «Gott im Herzen, Friedrich Wilhelm in der Tasche». Das war auf Friedrich Wilhelm II. gemünzt, der verschwenderisch gelebt und sich etliche Mätressen gehalten hatte.

Zurück zum Namen, mit dem man zeichnet: Wer seinen Friedrich Wilhelm macht, kann immerhin schreiben – wer nicht, muss ein Handzeichen anstelle seiner Unterschrift machen. Noch im vorigen Jahrhundert setzten nicht wenige ein Kreuz hin. Heute sind es eher drei: «Mach drei Kreuze, vier sind ein Doktor!», sagt man zu jemandem, der Mühe hat, seinen Namen zu schreiben, und dieser jemand darf in der Tat, wie der segenerteilende Geistliche, drei Kreuze machen, wenn er es geschafft hat. Aber auch das einzelne Kreuz hat sich bis heute munter gehalten: Denn wie einst der Schreibunkundige sein Kreuz unter ein Schriftstück machte, so macht heute der mündige Bürger alle paar Jahre sein Kreuz auf dem Stimmzettel.

Schall und Rauch Nenne mir deinen Namen, und ich sage dir, wie du heißt! Doch der bewundernswerte menschliche Geist begnügt sich damit nicht in jedem Fall und begehrt in seinem erhabenen Forscherdrang auch die Bedeutung eines Namens zu wissen. Denken wir an unsere gefiederten Freunde, die Indianer, und jenen Witz, in dem ein Indianerkind seine Mama fragt: «Warum heißt mein Bruder *Aufgehende Sonne*?» «Weil er geboren wurde, als gerade die Sonne aufging.» «Und warum heißt meine Schwester *Fallender Schnee*?» «Weil sie im Winter geboren wurde, als gerade Schnee fiel. Aber warum, *Zwei kopulierende Hunde*, fragst du eigentlich?»

Namen sind mehr als Schall und Rauch, wie noch Goethe vermeinte. Manche sind vielmehr Knall und Pulverdampf: *Findesieg* tauften deutsche Eltern ihren strammen Knaben 1918, der wohl gleich in feldgrauer Uniform aus dem Mutterleib marschiert war. Sowjetische Eltern wiederum benamsten in roter Vorzeit die Tochter schon mal *Traktorina*, deutsche den Sohn *Che*.

Wie die Rocklänge oder das Tragen von Koteletten unterliegen Namen der Mode, und eventuell wird es, wenn die Menschheit es sich dermaleinst im Paradies der fleischlosen Ernährung gemütlich macht, einen *Vegetarius* geben und eine *Salata*, den *Waldlieb* und die *Tofulina*, die *Biolotte* und den *Ökomar*.

Der Name eines Kindes dient bekanntlich dem schönen Zweck, die Eltern aus der Anonymität herauszuheben und der Welt zu beweisen, wes Geistes Kind ihr Sprössling ist. Denn da sie gewöhnlich nicht als Politiker oder Journalisten ihr täglich Wasser und Brot verdienen, bietet die Namensgebung eine ausgezeichnete Chance, um am Kampf der Meinungen in der Öffentlichkeit teilzunehmen. Und nicht die übelste, werden doch die Kinder länger auf dem Markt sein als die meisten Druckerzeugnisse.

Indes ist Vorsicht bei der Namenwahl durchaus ratsam. Einem *Archibald* wird es schwerfallen, als Würdenträger ernst genommen zu werden, und eine *Viki* wird Mühe haben, die geistreiche Männerwelt auf andere Gedanken zu bringen. Gegen den Mädchennamen *Rügen* aber ist nichts einzuwenden, insbesondere wenn das Fremdenverkehrsamt einen Obolus entrichtet. Und vielleicht heiratet die Glückliche jemanden aus der Nachbarschaft, einen *Wismar* etwa oder einen *Greifswald*.

Großer Beliebtheit aber erfreuen sich klangvolle Namen. Schöne Namen sind es, selig ruhen sie in sich selbst: *Riana-Yvonne* zum Beispiel, *Anais-Elena, John-Pierre* oder *Joseph-David*. In Göttingen haben Eltern ihrem Sohnemann die Vornamen *Jean-Michel Lafayette* gegeben – vielleicht wird er ja Friseur, dann steht am Ladenschild dereinst «Coiffeur Jean-Michel Lafayette Lauschke-Lubarsch». Schön!

Erfand Benz das Benzin? Aus Kindern werden Leute und aus manchen Leuten Begriffe: So gab der römische Feldherr und Staatsmann Gaius Julius Caesar, der die Alleinherrschaft anstrebte, dem deutschen *Kaiser* und dem russischen *Zar* seinen Namen. Kein singulärer Vorgang, verdankt sich doch in ähnlicher Weise das slawische Wort für «König» dem Frankenherrscher und im Jahr 800 zum Nachfolger der römischen Imperatoren gekrönten Karl dem Großen, auf dessen Namen das russische *korol*, das polnische *król* und das tschechische *král* zurückgehen.

Manche Begriffe machen sogar Schule. Siehe, da war zum Beispiel Jesus, dessen Beiname *Christus* die latinisierte Form des griechischen «christos» ist, was «der Gesalbte» heißt und das hebräische «maschiach» übersetzte. Interessanterweise stammt die Bezeichnung *Christen* für die Anhänger von Christi Lehre weder von den Juden, die Jesus nicht als Messias anerkannten, noch von den Christen selbst, sondern ist die Wortschöpfung römischer Beamter und entstand laut Apostelgeschichte 11,26 in Antiochien.

Vor allem in den Naturwissenschaften, der Medizin und der Technik werden Entdeckungen, Erfindungen und Produkte auf ihre Urheber getauft. Die Forscher Georg Simon *Ohm*, William *Kelvin*, James *Watt* und Anders *Celsius* leben als Maßeinheiten fort, Alois *Alzheimer*, Karl von *Basedow* und James *Parkinson* haben sich mit den zuerst von ihnen beschriebenen Krankheiten verewigt. Aber Vorsicht: Zwar trägt der *Diesel* den Namen des Ingenieurs Rudolf Diesel, und der *Otto Normalverbraucher* geht auf den von Nikolaus Otto entwickelten, mit Normalbenzin fahrenden Ottomotor zurück; aber das *Benzin* heißt nicht nach dem badischen Ingenieur Carl Friedrich Benz, der 1885 den ersten Motorwagen konstruierte, sondern leitet sich vom mittellateinischen «benzoe» ab, dem Benzoeharz, aus dem einst Benzin gewonnen wurde. (Wohl aber heißt der *Mercedes* nach der Tochter des österreichischen Konsuls Jellinek in Nizza.)

Ebenso wenig wie Benz das Benzin erfand John Montagu (1718–1792), der Vierte Earl von Sandwich, die belegte doppelte Schnitte. Aber den Namen hat sie gleichwohl von ihm, weil er als leidenschaftlicher Spieler nicht einmal zum Essen den Spieltisch verließ und lieber an Ort und Stelle als Imbiss ein zwischen zwei Scheiben Brot gelegtes Stück Braten schnabulierte. Auch der französische Hinrichtungsapparat hieß ursprünglich nicht nach dem Pariser Arzt Joseph Guillotin (1738–1814). Aber er war es, der anstelle von Schwert und Galgen eine «menschlichere» Form der Todesstrafe forderte und jene Köpfmaschine propagierte, die der Chirurg Antoine Louis entworfen hatte. Nach ihrem Erfinder hieß die Guillotine zuerst «Louisette» und «Petit Louis» – wohl auch, weil König Louis XVI. ihr prominentestes Opfer war.

Das prominenteste Opfer eines Boykotts aber war – Boycott, James (oder Charles) Boycott (1832–1897). Als Gutsverwalter in der irischen Grafschaft Mayo agierte er so brutal, dass ihn die Landliga, die Vertretung der irischen Landpächter, 1880 in Acht und Bann tat: Aller geschäftlichen und gesellschaftlichen Beziehungen ledig und seiner Existenzgrundlage beraubt, weil man ihm nicht einmal mehr Lebensmittel verkaufte, musste Boycott schließlich auswandern.

Beim Guillotinieren geht es streng rechtsstaatlich zu. Beim Lynchen spielt sich eher das gesunde Volksempfinden auf – diesmal das US-amerikanische. Lynch soll ein Farmer gewesen sein, aber ob er John oder William hieß, ob er im 17., 18. oder 19. Jahrhundert lebte und ob in Virginia oder in Pittsylvania County, verliert sich im Dunkel der Geschichte – stets aber soll er nach eigenem Gusto für das gesorgt haben, was er für Recht und Ordnung hielt. Eine andere Version erzählt Hans Reimann in seinem «Vergnüglichen Handbuch der deutschen Sprache» von 1964: «In der irischen Stadt Galway steht (stand?) eine Ruine, über deren einer zugemauerten Pforte zu lesen ist: ‹Diese Gedenktafel ist als Erinnerung an die strenge und unbeugsame Justiz des im Jahre 1493 zum Bürgermeister dieser Stadt gewählten Obermagistratsrates James Lynch Fitzstephen angebracht worden, der seinen schuldbeladenen Sohn Walter hier verurteilt und hingerichtet hat.› Daher das ‹lynchen›.» Die Unklarheit, ob es diese Ruine überhaupt gibt (gab?), stärkt allerdings nicht das Vertrauen in diese Erklärung. Sie ist vielleicht nur gut erfunden.

Diesen Verdacht kann man in vielen Fällen hegen. Bei einigen Begriffen mag man in der Tat kaum vermuten, dass sie sich aus Eigennamen herleiten. Und doch geht die Schrammelmusik auf die Wiener Musiker Johann und Joseph Schrammel zurück, die 1877 ein Quartett «d'Schrammeln» gegründet hatten; die Praline war die Spezialität eines Kochs im 17. Jahrhundert, der damit einen gewissen Marschall Gabriel du Plessins-Pralin verköstigte; die Silhouette heißt nach dem französischen Finanzminister Etienne de Silhouette (1709–1767), der nach dem Siebenjährigen Krieg viele neuen Steuern festsetzte, um die leere Staatskasse zu füllen. Die bedrängten Steuerzahler verspotteten schäbige und armselige Dinge daraufhin als «à la Silhouette». Weil die damals modischen Scherenschnitte billiger als ein Bild waren, bekamen auch sie diesen Zusatz verpasst: «portrait à la Silhouette». Über den «Schattenriss» bekam die Silhouette später die Bedeutung «Umriss, Umrisslinie, Kontur».

Mehr oder weniger wirklich war schließlich auch der Biedermeier. Was sich wie ein sprechender Name analog dem Kraftmeier anhört und die Epoche von 1815–1848 treffend charakterisiert, war anfangs eine literarische Figur. Ludwig Eichrodt und Adolf Kußmaul erfanden sie in den 1850er Jahren, um den dichtenden Dorfschulmeister Samuel Friedrich Sauter (1766–1846) aus Flehingen im Kraichgau zu parodieren. Sie schrieben in dessen Stil treuherzig beschränkte, einfältig gemütliche Gedichte und schoben sie einem «Gottlieb Biedermaier» (mit ai) in die Feder, unter dessen Autorschaft sie im Witzblatt «Fliegende Blätter» erschienen.

Viele Namen aber sind nichtsdestoweniger zufällig und bleiben unerklärlich, und «ob Sir Koka den Kokainismus, Geheimrat Sod das Sodbrennen und Exzellenz Butze die Butzenscheiben erfand: das wird immerdar ein Mysterium von Witzbolden bleiben», witzelte Hans Reimann deshalb im «Vergnüglichen Handbuch der deutschen Sprache».

Europa, der dunkle Kontinent Kolumbus ist selber schuld. Da er stets behauptete, in Indien gelandet zu sein, muss er akzeptieren, dass die Neue Welt nicht nach ihm, sondern nach dem italienischen Seefahrer Amerigo Vespucci heißt, der zwischen 1497 und 1504 viermal die mittel- und südamerikanischen Küstengebiete befuhr und als erster erkannte, dass es sich um einen neuen Erdteil handelt. 1507 taufte deshalb der deutsche Kartograf Martin Waldseemüller auf seinen Weltkarten und in der gemeinsam mit dem Elsässer Matthias Ringmann verfassten Schrift «Cosmographia introductio» (Einführung in die Weltbeschreibung) den Kontinent auf den latinisierten Namen «America».

Erst nach und nach wurden die Ausmaße Amerikas offenbar. Mit Europa und Asien war es einst genauso. Ursprünglich hieß bei den Griechen «Europa» nur das Festland westlich und «Asien» dasjenige östlich der Ägäis, also Griechenland einerseits und Kleinasien andererseits. Erst im 6. Jahrhundert v. Chr., nachdem die Griechen durch die Seefahrt ihren Horizont erweitert hatten, wurde «Europa» zum Sammelbegriff für alle Länder nördlich des Mittelmeers.

Die Herkunft des Namens ist dabei in Dunkel gehüllt – und just dies könnte er bedeuten. «Erebos» tauften die Griechen ihren Gott der Dunkelheit, dessen Namen sie offenbar von den Phöniziern entlehnt hatten: Dieses im heutigen Libanon beheimatete Seefahrervolk entdeckte die fernen Gestade im Westen, die gen «Abend» lagen, wo es «dunkel» war; beides hieß in seiner Sprache: «ereb». In der griechischen Sage klingt der phönizische Ursprung nach: Dort ist Europe die Tochter des phönizischen Königs von Tyros; Zeus verliebt sich in sie, verwandelt sich in einen zahmen weißen Stier und entführt sie, die am Strand spielt, über das Meer nach Kreta, dem Ort der ersten europäischen Hochkultur.

Das Wort «Europa» heißt also so viel wie «Abendland» und ist asiatischen Ursprungs. Bei «Asien» kann man nur spekulieren. Homer erwähnt beim Kampf um Troja eine «asische Wiese», und ägyptische Dokumente aus der Zeit des Trojanischen Kriegs kennen einen westanatolischen Staat «Asija». In Texten der Hethiter wiederum taucht ein Land «Ahhijawa» auf. Ob diese Namen aber dasselbe meinen und eine namentliche Verbindung auch zu den frühgriechischen «Achaiern» besteht, die um 1200 v. Chr. von Griechenland nach Kleinasien und Zypern aufbrachen – und ob, weil in vielen Sprachen (und sogar in deutschen Dialekten) die in derselben Rachenregion erzeugten Laute H, Ch und Gaumen-R ineinander übergehen, eine Brücke zu den «Ariern» sich schlagen ließe – darüber kann man, wie gesagt, nur spekulieren.

Asien liegt östlich des Mittelmeers, Europa nördlich und Afrika südlich. Es waren die Römer, die Afrika seinen Namen gaben – nach einem Volkstamm namens Awrigha, Afarika oder Afri, der im Gebiet um den Erzfeind Karthago ansässig war. Bei den Griechen hieß der Erdteil «Libyen», nach dem Volk der Lebues oder Libues, das die Ägypter im 2. Jahrtausend v. Chr. beschrieben und «Rebu», Volk im Westen, genannt hatten und das noch der phönizisch-römischen Stadt Leptis Magna den Namen gab. Statt von einem Erdteil ist beim griechischen Namen «Libyen» allerdings besser von einem Landstrich die Rede, denn sowohl Ägypten als auch das südlich angrenzende Äthiopien gehörte für die Griechen nicht dazu.

Seit der Antike gab es die Vorstellung von einem unbekannten Südland, auf Lateinisch: terra australis incognita – australis heißt «südlich». Als der Holländer Tasman 1642 Australien entdeckte, wusste man nicht, dass es noch die Antarktis gibt, die der Antipode der Arktis ist. Die wieder geht aufs griechische «arktos» zurück, was

«Bär» bedeutet und das Nordgestirn, den Großen Bären, meint; «arktikos» nahm die Bedeutung «nördlich» an. Aber das gehört, da die Arktis kein Kontinent ist, nicht mehr hierher.

Mehr Meer Der Mensch ist eine Landratte und weiß von den Ozeanen weniger als selbst vom Mond. Dabei bedeckt das Weltmeer 70,8% der Erdoberfläche, was Ambrose Bierce zu der trefflichen Definition in seinem «Wörterbuch des Teufels» anregte: Danach ist der Ozean «eine Wassermasse, welche etwa zwei Drittel einer Welt bedeckt, die für den Menschen geschaffen wurde – welchselber keine Kiemen hat.»

Die Menschen des Altertums dachten sich die Proportionen eher umgekehrt. Nach ihrer Auffassung umfloss auf der Erdscheibe außen der schmale «okeanos» ringförmig die große Landmasse. Er war das äußere Meer im Unterschied zum fast völlig von Land umschlossenen Mittelländischen Meer, das sich Griechen und Römer als in der Weltmitte befindlich vorstellten. Lediglich im äußersten Westen verband die Straße von Gibraltar das Mittelmeer mit dem Ozean.

Südlich dieser Meerenge, im heutigen Marokko, türmt sich das Atlasgebirge bis auf 4000 Meter empor und stützt, so der griechische Mythos, das Himmelsgewölbe. In der Figur des Atlas, dessen Name wörtlich «Träger» bedeutet, wird diese Vorstellung personifiziert. Atlas war ein Abkömmling des alten Göttergeschlechts der Titanen – das seinerseits aus der Verbindung der Gäa, der Erde, mit dem Uranos, dem Himmel, hervorgegangen war – und hatte an ihrer Seite am Kampf gegen die neue, von Zeus angeführte Göttergeneration teilgenommen. Die Titanen verloren die Schlacht. Zur Strafe muss Atlas seither auf seinen Schultern jene Säulen tragen, die, in Homers Worten, «Erde und Himmel auseinanderhalten», und sorgt so dafür, dass Gäa und Uranos kein neues Titanengeschlecht zeugen können.

Nach der mythischen Gestalt des Atlas tauften die Griechen jenen Teil des Okeanos, der an der westafrikanischen Küste angrenzt, das Atlantische Meer. Erst später wurde das zum Namen für die gesamte

Wassermasse zwischen Amerika einerseits und Europa und Afrika andererseits.

Nach Atlas benannt ist auch das sagenhafte Atlantis, jene versunkene Insel, von deren Blüte und Untergang der griechische Philosoph Platon im Timaios- und im Kritias-Dialog erzählt. Platon beruft sich auf den athenischen Staatsmann und Begründer der Demokratie Solon, der um 560 v. Chr. die Sage von einem Ägyptenbesuch mitbrachte. Ihm zufolge soll sich Atlantis jenseits der Straße von Gibraltar befunden haben; daher der Name. Wahrscheinlich ist Solon jedoch einem Missverständnis aufgesessen, und statt um eine Insel im Ozean handelt es sich, wie der Geoarchäologe Eberhard Zangger vermutet, um eine Stadt an der Ägäis: um Troja. Nach dem ägyptischen Bericht nämlich lag das sagenhafte Reich «vor einer Mündung», die zwei große Meere verbindet, die wiederum «rings von Festland umkränzt» sind. Läge Atlantis also jenseits Gibraltars, müsste auch der Atlantik vollständig von Land umschlossen sein, was mit dem antiken Weltbild unvereinbar ist. Lokalisiert man Atlantis in Troja, geht das Puzzle auf: Die «Mündung» meint nicht die Meerenge von Gibraltar, sondern die Dardanellen, und das zweite Meer nach dem Mittelländischen ist nicht der Atlantik, sondern das rings von Land umgrenzte Schwarze Meer.

Atlantis heißt wahrscheinlich zu Unrecht so. Auch dass man die zum Buch gebundenen Landkarten «Atlas» nennt, macht stutzig, hat aber seinen Grund. «Atlas, sive cosmographicae meditationes de fabrica mundi et fabricati figura», «Atlas oder Versuch einer Weltbeschreibung», nannte der Kartograf Gerhard Mercator sein 1585 begonnenes und 1602 vollendetes Hauptwerk und setzte den Helden auf das Titelblatt: Ein Werbegag in Wort und Bild, der den Erfolg des bald in ganz Europa verbreiteten Kartenwerks förderte.

Dass der Indische Ozean nach dem fernen Märchenland Indien heißt, das in der Antike den äußersten Osten der bekannten Welt markierte, das europäische Seefahrer suchten und selbst Kolumbus nicht fand, liegt auf der Hand. Der Pazifische oder auch Stille Ozean erhielt seinen Namen, weil er bei der Weltumseglung des in spanischem Dienst segelnden Portugiesen Fernão de Magalhães (spanisch: Magallanes) die Seeleute ohne einen einzigen Sturm passieren ließ.

Am 21.10.1520 fand der Kapitän, der am 20.9.1519 in See gestochen war, zwischen Südamerika und Feuerland die nach ihm benannte Passage, die Magellanstraße, segelte am 28.11.1520 in den Pazifik ein und landete nach einer friedlichen Überfahrt im März 1521 auf den Philippinen, wo er am 27.4.1521 im Kampf gegen die Ureinwohner fiel. Seinem Nachfolger Juan Sebastián Elcano gelang die Rückreise nach Spanien. Damit war die Kugelgestalt der Erde bewiesen; und außerdem, dass das Weltmeer viel größer ist als die Landmasse.

Wo es lauter Muskateller regnet Des Menschen Leben währet bekanntlich siebzig Jahre, und wenn's hoch kommt, so sind es achtzig Jahre, und wenn's köstlich gewesen ist, so ist es Mühe und Arbeit gewesen. Also malt sich der Mensch in Ermangelung eines besseren Daseins in der Phantasie eine ideale Welt aus. Glaubt er an Gott, so konstruiert er sich einen Garten Eden, den es einst gegeben habe, und ein Paradies im Jenseits für später. Wer stattdessen an den historischen Materialismus glaubt, denkt sich eine klassenlose Gesellschaft aus, die vor Zeiten existiert habe und die es wieder aufzurichten gelte.

In der Antike schwärmte man vom versunkenen Goldenen Zeitalter. Der Grieche Hesiod beschwor um 700 v. Chr. in seinem Buch «Werke und Tage» diese vergangene Musterwelt ohne Leid und Arbeit, frei von Krieg, Verbrechen und Krankheit; sorglos und glücklich lebten die Menschen, «bis sie einschliefen». Aber nicht bloß die Griechen, wohl alle Völker kennen solche Sagen von einem Idealzustand, «darinnen man ohne Arbeit alles erlangen kann, da Seen voll Wein, Ströme voll Bier, Teuche und Wälder voll gesotener Fische und gebratenen Vögel sind», wie ihn 1742 Zedlers «Universal-Lexicon» beschrieb und wie ihn ein Menschenalter zuvor Hans Jacob Christoph von Grimmelshausen erträumte: «Und als dann wirds in Teutschland hergehen wie im Schlauraffen-Land, da es lauter Muscateller regnet und die Creutzer-Pastetlein über Nacht wie die Pfifferlinge wachsen! Da werde ich mit beyden Backen fressen müssen wie ein Drescher und Malvasier sauffen, dass mir die Augen übergehen.» So schwärmt Simplicissimus von jener fiktiven Welt im Überfluss, dem Reich der Faulenzer und Schlemmer, während er in Wirklichkeit den Dreißigjährigen Krieg überleben muss.

Der Schlaraffe ist ein Müßiggänger: Das mittelhochdeutsche «slur» bezeichnet den Faulpelz und hängt zusammen mit «schludern» und «schlaff»; zur Verstärkung fügte man den Namen jenes komisch verachteten Tieres hinzu, das wie eine Karikatur des Menschen schien. Man ahnt schon: Was anderen eine angenehme Vorstellung war und die Israeliten veranlasste, aus ägyptischer Knechtschaft zu fliehen und sogar in der Realität jenes Land zu suchen, darin Milch und Honig fließt (2 Mose 3,8), wurde bei den meisten Deutschen zur Satire auf die Trägheit. Ein solches Land durfte es nicht geben: «Ain gegent haist Schlauraffen land, / den faulen leuten wol bekant, / Das ligt drey meyl hinder Weynachten», höhnt Hans Sachs und sitzt über die «jugent zu gericht, / die gwönlich faul ist und gefressig, / Ungeschickt, heyloß und nachlessig» usw. usf. (Dass aber das knechtselige Pathos von Arbeit und Leistung nie allen Deutschen eigen war, bezeugt ein schöner Aphorismus von Peter Hille: «Wer nicht arbeitet, soll auch nicht essen. / Wer nicht arbeitet, soll speisen. / Wer aber gar nichts tut, der darf tafeln.»)

Hans Sachs deutet es an, das Schlaraffenland liegt im Nirgendwo. Es ist ein Nicht-Ort, griechisch: eine «Utopie». Der Engländer Thomas Morus prägte dieses Wort, als er 1516 sein Buch «De optima rei publicae statu deque nova insula Utopia» (auf Deutsch: Über den besten Zustand des Staates und über die neue Insel Utopia) schrieb und das Bild eines Idealstaates und eines neuen Goldenen Zeitalters entwarf. Dass alle Utopien, die man seither hat verwirklichen wollen, sich als «Wolkenkuckucksheime» entpuppt haben – so der Name des Staates, den in Aristophanes' Komödie die Vögel in der Luft gründen –, muss nicht prinzipiell gegen Utopien sprechen. Wie sagte Robert Musil? «Eine Utopie ist aber kein Ziel, sondern eine Richtung.»

Geld wie Heu Nicht alle Mäuse und Kröten gehören der Fauna an, nicht jedes Moos zählt zur Pflanzenwelt, und manche Kohlen haben mit Geologie nichts zu tun. Sie sind nur Umschreibungen für den schnöden Mammon.

Über Geld spricht man nicht; das ist der Grund, weshalb es so viele Synonyme dafür gibt. Und so dunkel oder zufällig wie die Herkunft manchen Geldes ist die Herkunft mancher Bezeichnung. So haben die *Kröten* mit den hässlichen Tieren eigentlich nichts zu tun. Eher handelt es sich um das sonderbare Ergebnis einer Verquickung aus «Groschen», niederdeutsch «Groten», und «Kreuzer». Der *Kreuzer* war eine kleine Münze von geringem Wert – «die paar Kröten», sagt man geringschätzig. Geringschätzig, verächtlich, ja mit Abscheu begegnet man den gleichnamigen Tieren, und über diesen Umweg spielten sie bei der Namensgebung für die Geldkröten vielleicht doch eine Rolle.

Eindeutig ist die Herkunft der *Moneten*: Sie stammen vom lateinischen «moneta» ab, dem wir auch die «Münze» verdanken. Der *Mammon* macht sprachlich ebenfalls keine Probleme: Er ist aramäisch für «Besitz, Habe, Reichtum», eine im Christentum schnöde Sache. «Ihr könnt nicht Gott dienen und dem Mammon», übersetzte Martin Luther Matth. 6,24.

Jahrhundertelang mussten in Deutschland die Juden dem Mammon dienen, weil nur sie Zinsgeschäfte tätigen durften. Viele Bezeichnungen für das liebe Geld sind daher jüdischen Ursprungs. Das *Moos* leitet sich her vom hebräischen «maoth» («Münze», jiddisch: «mo'es», Kleingeld), von dem wohl auch die *Mäuse* kommen; außerdem steckt es in der Redensart «wissen, wo Barthel den Most holt», was eigentlich «wissen, wo bei einem Einbruch etwas zu holen ist» bedeutet: *Most* ist *Moos,* und «Barthel» stellt nicht bloß die Kurzform von «Bartholomäus» dar, sondern meint auch «Barsel», das Gaunerwort fürs Brecheisen.

Der *Kies* geht auf hebräisch «kis» zurück, die Tasche, den Geldbeutel. Im Deutschen konnte man den *Kies* als Anspielung auf die Form und Größe von Münzgeld verstehen, was auch Umschreibungen wie *Schotter* (zerkleinertes Gestein) und *Steine* erklärt. Die *Asche* jedoch ist keine weitere Verkleinerung von Steinen, Kies und Schotter, etwa im Sinn von «Rückstand in kleinster Form», sondern entstand vermutlich aus dem französischen Verb «acheter», auf Deutsch: kaufen.

Die *Pinkepinke* hat wieder eine hebräische Wurzel: «Pinka», die

Geldbüchse, wurde über jiddisch «pinke» um 1900 zu «Pinkepinke», was den Klang klimpernder Münzen nachahmte – ähnlich den pfälzischen *Bimbes*, die dem wuchtigen Bimbam der Kirchenglocken das zierliche Geklimper des weltlichen Münzgelds entgegenhalten. Von «pinka» stammen ferner die Berliner *Penunzen* ab, nur war nicht eigentlich Jiddisch, sondern Rotwelsch die Zwischenstation, wo man «Penunge» und «Penunse» sagte. Auch der alte Ausdruck *Heu* für Geld hat im Jargon der Landfahrer, des fahrenden Volks seinen Ursprung, wobei außer dem alten dörflichen Maßstab für Reichtum, der sich nach der Größe des Misthaufens richtet, ein jiddisches Wortspiel dahintersteckt, denn «matbea» (Münze) und «matben» (Spreu, Stroh) sind zum Verwechseln ähnlich. Über das Rotwelsch kam außerdem der *Zaster* ins Deutsche, eigentlich ein Zigeunerwort für «Eisen». Ende des 19. Jahrhunderts nannten Soldaten so ihren Sold, ihre Löhnung. Aus der Soldatensprache ging der *Zaster* als «Geld» in die Berliner Umgangssprache ein.

Überhaupt Berlin: Schon im 18. Jahrhundert tauften die Berliner Schnauzen den Adler auf den Münzen «Piepmatz», woraus dann die *Piepen* wurden. 1788 findet sich dieses Wort im Testament des Charlottenburger Ratmannes Friedrich Gottlob Weiher. Auch die *Emmchen*, die verkleinerte Abkürzung für die Mark, wurden in Berlin geprägt.

Vielleicht hat die Mark auch die *Marie* beeinflusst, doch dürfte auch das Zigeunerwort «maro» (Brot) eine Rolle spielen, das im Gaunerjargon «Geld» bedeuten konnte; vielleicht aber verdankt sich der saloppe Ausdruck dem Mariatheresientaler, einer erstmals unter der Regentschaft Maria Theresias geprägten österreichischen Münze. Besaß man viel davon, so hatte man die «dralle Marie», eine prallvolle Brieftasche; wurde sie gefälscht, war das die «linke Marie», also Falschgeld. Doch ob so oder so, auch wenn Geld nicht glücklich macht, so wird man wenigstens reich, und deshalb kann man nie genug davon haben. Heinz Erhardt brachte es auf den Punkt: «Wenn schon Nietzsche sagt, dass zum Leben drei Dinge gehören, nämlich Geld, Geld und Geld, so möchte ich diesen Satz dahin erweitern, dass zum Leben vier Dinge gehören, nämlich Geld, Geld, Geld und Geld.»

Der Mariatheresientaler ist längst außer Kurs, ebenso wie das alte Geld-Wort *Knöpfe*. Früher trugen reiche Herren an ihrer Kleidung goldene oder silberne Knöpfe. In Geberlaune schenkten sie gelegentlich einen solchen, der so gut oder besser als bares Geld war, einem Bedienten, der auf diese Weise seinem Herrn buchstäblich etwas abknöpfte.

Im Umlauf befindlich sind dagegen die *Tacken* und *Otzen*. Im Ruhrgebietsdeutsch bezeichnete der Tacken ursprünglich das Zehnpfennigstück und war ein Synonym für den Groschen. Im Zuge von Währungsreform und Teuerung wurde daraus die Ein-Euro-Münze mit der Folge, dass man statt «der Tacken» auch «die Tacke» sagen kann. Viel anzufangen ist mit einer Tacke nicht, und gering geschätzt sind auch die Otzen, die ursprünglich den Essens- oder Anstandsrest bezeichneten und über die Assoziation mit einem Geldrest zu einer Bezeichnung für geringwertiges Bargeld wurden.

Wo aber kommen die *Kohlen* her? Sie sind zweifelhafter Herkunft, denn im Rotwelsch bedeutete «Kohlen haben» genau das Gegenteil von dem, was wir darunter verstehen, nämlich: ohne Geld sein. Kohlen sind schwarz, «schwarz» aber war rotwelsch für «arm, ohne Geld» – ähnlich wie im Deutschen «abgebrannt». Wie die Umkehrung der Bedeutung zustande kam, ist unklar. Vielleicht entstand der neue Wortsinn nach 1945, als für kurze Zeit Kohlen als Zahlungsmittel dienten, wobei eine Analogie zu *Kies*, *Schotter*, *Steine* und *Asche* hineingespielt haben mag. Vielleicht wurde das Geldwort «Kohlen» aber schon im 19. Jahrhundert geprägt, denn ohne Kohlen hätte die industrielle Revolution nicht stattfinden können: Sie waren der Rohstoff, der zum Befeuern der Hochöfen und der Eisenbahnlokomotiven ebenso wie zum Heizen der Häuser in den entstehenden Großstädten unabdingbar war. Es brauchte nur jemanden, der die Analogie zu jenem anderen unabdingbaren Rohstoff des menschlichen und vor allem bürgerlich-wohlanständigen Lebens entdeckte, dem Geld. Wenn es ein witziger Kopf war, bemerkte er auch, dass man sich an beidem die Finger schmutzig machen kann.

Hauptsache, man hat die Kohlen. Und wer keine hat, kann sich mit Leo Slezak trösten: «Viele Menschen benutzen das Geld, das sie nicht haben, für den Einkauf von Dingen, die sie nicht brauchen, um damit Leuten zu imponieren, die sie nicht mögen.»

Mark und Pfennig Die Europäische Währungsunion ging vielen Deutschen gegen den Strich, weil sie zu Recht fürchteten – um mit einer Redensart zu sprechen –, dass dann die Mark nur noch 50 Pfennig wert sei. Tatsächlich ist es mit den Jahren so ähnlich gekommen. Aber dass die Mark 100 Pfennig hat, ist keineswegs selbstverständlich und erst in der Münzordnung von 1873 geregelt. Bis dahin war Deutschland währungspolitisch ein bunter Teppich.

Taler, Goldtaler, Vereinstaler, Kreuzer, Schillinge, Gulden, Groschen, Neugroschen, Silbergroschen (wie in Mecklenburg-Strelitz), sogar Gutegroschen (so in Braunschweig) waren bei der Reichseinigung 1871 in den verschiedenen deutschen Ländern in Gebrauch. In Preußen, wozu auch das Rheinland gehörte, zahlte man in Talern. In den Hansestädten Hamburg und Lübeck kursierte die Kurantmark, in der Hansestadt Bremen rechnete man in Goldtalern. In Süddeutschland zirkulierte der Gulden. In Elsass-Lothringen, das Deutschland nach dem siegreichen Krieg von 1870 annektiert hatte, hatte man noch Francs und Centimes im Portemonnaie. Umständliches Umrechnen war an der Tagesordnung, zumal keineswegs das Dezimalsystem üblich war: 1 preußischer Taler war 30 Groschen oder 360 Pfennige wert, 1 süddeutscher Gulden aber 60 Kreuzer oder 240 Pfennige.

Erst als am 1.1.1876 das zweieinhalb Jahre zuvor beschlossene deutsche Münzgesetz in Kraft trat, wurde das Durcheinander beendet und die Mark zu hundert Pfennig die offizielle Rechnungseinheit. Die anderen Währungen verschwanden und leben seither in Deutschland nur noch in der Erinnerung und in der Sprachgeschichte fort – ein Schicksal, das auch die Mark und den Pfennig ereilen wird, seit sie am 1. Januar 2002 aus dem Verkehr gezogen und durch Euro und Cent ersetzt wurden. Grund genug für einen Rückblick auf die Geschichte von Währungen und Münzen. Wie zum Beispiel ist die Mark entstanden, und wie kam sie zu ihrem Namen?

Die Mark hängt mit «merken» zusammen und bedeutete ursprünglich «Zeichen». Eine solche «Marke» war im Mittelalter der amtliche Prägestempel auf einem Edelmetallbarren. Später ging das Wort vom Stempel auf den Barren selbst über, dann auf Geldstücke von bestimmtem Gewicht und Wert. Im 16. Jahrhundert schließlich wurde die Mark als Silbermünze geprägt: Die lübische Mark war 16 Schillinge bzw. 16 x 12 = 192 Pfennige wert.

Der Pfennig ist älter als die Mark: Seit dem 8. Jahrhundert gibt es ihn. Damals trat er an die Stelle des römischen Denarius, dessen Namen er offiziell beibehielt. In der Volkssprache hieß er «phendig» oder «phending». Beide Formen gehen auf lateinisch «pannus» zurück, den Lappen, den Lumpen, das Stück Stoff. Tuch jedenfalls wurde auf den Märkten anstelle von Münzen als Tausch- und Zahlungsmittel akzeptiert, als Pfand, welches Wort eben von «pannus» abstammt, und der Pfennig ist demnach «pfandig» oder ein «Pfandding».

Außer in Deutschland gibt es den Pfennig noch in Großbritannien, wo er *Penny* heißt. Seine bis 1971 übliche Abkürzung d verwies noch auf den Denarius, und vor der damals erfolgten Umstellung aufs Dezimalsystem rechneten die Briten noch wie zur Zeit Karls des Großen: 1 Pfund = 12 Schillinge = 240 Pfennige. Wie die deutsche Mark erinnert das britische Pfund an die Zeit, als sich der Wert der Münzen nach ihrem Gewicht bemaß. (Trotz der Klangähnlichkeit ist das Pfund keine Variante des Pfands, sondern stammt vom lateinischen «pondo» ab.) Bis 1971, als das metrische System eingeführt wurde, kannten die Briten auch den Schilling. Wie der Pfennig wurzelt er im römischen Währungssystem: Schilling nannten die Germanen den Solidus. Bei den Römern war der Solidus eine Goldmünze, im Mittelalter diente er als abstrakte Recheneinheit. Seit dem 13. Jahrhundert wurde er wieder als richtige Münze geprägt, von 1925 bis 1938 und 1945 bis 2002 hieß die österreichische Währung so. Das deutsche Wort hängt mit «Schild» zusammen, wie ja auch die früher gültige Verrechnungseinheit innerhalb der EU, der Ecu, «Schild» bedeutet, genau wie der spanische und der portugiesische Escudo. Wer Mantel-und-Degenfilme schätzt, kennt auch den doppelten Escudo: die Dublone.

Im 13. Jahrhundert verlor der Pfennig an Wert. Nun schlug man allerorts neue Münzen, neben dem Schilling zum Beispiel den Groschen. Lateinisch «grossus» heißt «dick», und dick war der im Jahr 1266 in Tours geprägte «grossus Turonensis». Aus Südtirol kam der Kreuzer, der ein Kreuz im Gepräge hatte und zuerst «kriuzerpfenninc» hieß. Der Heller wiederum stammt aus Schwäbisch Hall, wo er 1208 erstmals in Verkehr gebracht wurde, und hieß anfangs «haller pfenninc». Zuerst war er aus Silber, am Ende aber nur mehr ein billiges Kupferstück, ein «roter», ja «lumpiger Heller». 1892 in Österreich-Ungarn aus der Versenkung geholt – 100 Heller ergaben eine Krone –, lebt er heute in Tschechien als Haler und in Ungarn als Filler fort – und wurde auch dort im Gefolge der wirtschaftlichen Umwälzungen eine Münze ohne Wert.

100 Filler sind ein Forint. Forint meint Florenz. Florenz wiederum gab im 13. Jahrhundert eine Goldmünze aus, die im 14. Jahrhundert auch im Rheinland geprägt wurde und «Goldfloren», niederländisch «gulden florijn» hieß – weshalb die Holländer bis zur Einführung des Euro in Gulden zahlten und ihn *fl.* abkürzten.

Ebenfalls aus Italien kommen die Dukaten. In ihrem Namen steckt «ducatus», das lateinische Wort für «Herzogtum». Ein solches Herzogtum, an dessen Spitze lateinisch ein «dux», venezianisch ein Doge stand, war das reiche Venedig, das diese Münze im 13. Jahrhundert einführte und ihr den lateinischen Schriftzug «ducatus» einprägte.

Wie die Dublonen kennt man die Dukaten heute nur noch aus Spielfilmen. Der Taler dagegen ist, auch wenn das Wort sich verändert hat, bis heute weltweit in Gebrauch. Wie das Märchen sagt, war er aus Silber. Seit 1518 wurde er in der böhmischen Bergwerksstadt St. Joachimsthal (heute: Jáchymov) geschlagen und hieß zuerst «Joachimsthaler». Er kam weithin in Umlauf, wie es im Kinderlied heißt: «Taler, Taler, du musst wandern, von der einen Stadt zur andern.» Die Norddeutschen nannten ihn «Daler», die Holländer «Daeler» und die Engländer: Dollar. So kam er nach Nordamerika. (Übrigens kam er 1991 nach Slowenien: Dort hieß er *Tolar*.)

Nach dem 8. und dem 13. Jahrhundert erfuhr die nachantike Geldgeschichte mit der Jahrtausendwende ihre dritte Zäsur. Nun kehrte, nachdem frühere Projekte einer staatenübergreifenden Währungseinheit wie die Lateinische Münzunion (1865–1926), die Skandinavische Münzunion (1872–1931) – zu schweigen von der Weltgeldbewegung der 1860er Jahre – gescheitert waren, mit Euro und Cent die antike Ära einer gesamteuropäischen Währung wieder, nur heißt es nicht mehr Denarius und Solidus. Der Euro ist neu, der Cent aber, der sich vom lateinischen Zahlwort «centum» (hundert) herleitet, ist außer in Nordamerika auch in Europa als Centime, Centimo und Centavo verbreitet (gewesen). Selbst Italiens Lira, die nicht mal einen Pfennig wert war, teilte sich in 100 Centesimi. Ganz traditionslos ist die aktuelle Währung also nicht.

Fersengeld und Hasenpanier «Ein Mann verfolgte einen andern / (aus Deutz). (Er selber war aus Flandern.) / Der Deutzer, just kein großer Held, / gibt unverzüglich Fersengeld. / Der Fläme sagt sich: ‹Ei, nun gut!› / und sammelt es in seinen Hut.» So beginnt Christian Morgensterns Gedicht «Lebens-Lauf». Eine Redewendung wie «Fersengeld geben» kam dem Dichter der «Galgenlieder» und Klassiker der deutschen Nonsenslyrik gerade recht, um sie beim Wort zu nehmen und aus ihr ein groteskes Geschehen zu entwickeln. Aber hat das Fersengeld wirklich etwas mit Geld zu tun?

Mit der Ferse schon, das leuchtet ein: Wer flieht, zeigt die Ferse, und wer den Fliehenden verfolgt, bleibt ihm auf den Fersen. «Mit der versen gesegenen», mit den Fersen hinter sich schlagen, war im Mittelhochdeutschen ein Ausdruck fürs Fliehen. Mehr noch: Mit etwas Phantasie kann man die schnell abwechselnd sichtbar werdenden Fersen eines Flüchtenden mit springenden Geldstücken vergleichen. Doch mit Geld hat das Fersengeld noch mehr zu tun. Möglicherweise geht es auf die germanische Zeit zurück: Bei den Alemannen musste, wer aus einer Schlacht floh, Strafe zahlen. Das Fersengeld wäre also das Bußgeld des Deserteurs. Ob es das Wort damals schon gab, ist ungewiss; belegt ist es erstmals im 13. Jahrhundert in einer «Österreichischen Reimchronik», worin es heißt: «Die Unger (Ungarn) gaben versengelt», was der übernächste Vers erläutert: sie «fliehen gach», eilig.

Im 13. Jahrhundert gab es noch ein anderes Fersengeld oder, hier besser: «Färsengeld». Die Färse ist ein weibliches Rind vor dem ersten Kalben. Im «Sachsenspiegel» beschreibt Eike von Repgow den Brauch der in Sachsen sesshaften slawischen Wenden, dass eine Ehefrau, die ihren Mann verlassen wollte, ein «versnegelt» zu zahlen hatte, das sich wohl nach dem Gegenwert einer Färse richtete. Im Dritten Buch des Landrechts, § 73, Absatz 3, Satz 3 heißt es: «Lassen se ouch iren man, alse (= wie es) wendisch recht is, so mussen se irme herren de versnegel geben, dass sint dri schillinge unde etswa me (= mehr) nach des landes wonheit.» Dieses Färsengeld war auch unter den Namen «Kuhpfennig» oder «Kuhschatz» bekannt.

Nicht nur, wer sich aus der Schlacht davonmachte, sondern auch, wer seinen Ehegespons floh, musste also Fersengeld blechen. Aber viele werden getürmt sein, ohne zu bezahlen. In einem solchen Sinn wird das Wort im 16. Jahrhundert gebraucht: Als Bezahlung mit der Ferse statt mit Geld beim heimlichen Verlassen einer Herberge. Im siebten Kapitel seiner «Schelmenzunft» von 1512 lässt Thomas Murner einen Zechpreller zu Wort kommen, der beim Wirt anschreiben (nämlich auf ein Kerbholz seine Schulden einkerben) lässt: «Dornoch so rech myrs alles ab, / Den ich ietz keyn kleyn müntz hab!», versichert der Gast. Indes, «Do der wirt wolt haben gelt, / Do draff ichs loch weyt ubers feldt, / Mit meynen ferssen bzalt ich das, / Was an der kerben zeichnet was.»

Vom «Fliehen und Zahlen» über das «Fliehen, ohne zu zahlen» ist heute nur noch das «Fliehen» übrig geblieben. Doch statt Fersengeld zu geben, kann man auch «das Hasenpanier ergreifen». Schon Luther verwendete diesen Ausdruck. Der Hase ist ein furchtsames Tier, weshalb man einen ängstlichen Menschen «Angsthase» oder «Hasenfuß» schimpft. Während also die tapferen Krieger das Banner bzw. «Panier» in der Schlacht hochhalten, bis sie tot zu Boden sinken, sind die Angsthasen klug genug, rechtzeitig das Hasenpanier zu ergreifen, ohne mit ihrem Leben zu bezahlen.

Das tapfere Schneiderlein Im Märchen ist der Schneider mutig und listig. Sieben Fliegen hat er auf einen Streich erschlagen, «sein Herz wackelte ihm vor Freude wie ein Lämmerschwänzchen», und so zog er «in die Welt hinaus, weil er meinte, die Werkstätte sei zu klein für seine Tapferkeit.» Das tapfere Schneiderlein macht denn auch sein Glück, wird mit Riesen fertig und gewinnt die Königstochter.

Aber das ist nur ein ironisches Märchen. Eigentlich waren Schneider eher verächtliche Gestalten: Sie galten als schmächtig, schwächlich und so arm, dass sie sich nur einen «Schneiderkarpfen» (einen Hering, als den Karpfen des Hungerleiders) oder ein «Schneiderkotelett» leisten können, nämlich ein Stück Käse. Daher friert jemand, der vor Kälte zittert, wie ein Schneider, denn der ist dünn und durch kein Fettpolster gegen die Minusgrade geschützt.

Wahrscheinlich entsprachen viele Schneider diesem Bild in Wirklichkeit nicht. Umso größer war die Freude, wenn die Leute ihre Vorurteile bestätigt fanden und ein Schneider, der aus dem Rahmen fiel, eben scheiterte wie Albrecht Ludwig Berblinger, der 1811 bei seinem Flugversuch in die Donau stürzte. Dabei war dieser Schneider von Ulm ein kühner Flugpionier, dessen Erfindung eines Hanggleiters mit beweglichen Flügeln auf Otto Lilienthal vorauswies, und ein Vorkämpfer der heutigen Drachenfliegerei.

Wenn das Klischee von der Armut des Schneiders doch zutraf, so lag das auch an den Spöttern selbst: Gerade die reichen jungen Leute, die Studenten und frischgebackenen Offiziere, ließen den Schneider erst auf Kredit arbeiten und dann abblitzen. «Wie entrüstet bin ich als Student über Schneider und Schuster gewesen, wenn sie ihre Rechnung bezahlt verlangten; es schien mir die empörendste Zumutung, anstatt dass ich dankbar für den gewährten Credit gewesen wäre», erinnerte sich Bismarck 1847 in einem Brief an seine eigene Burschenzeit.

Das alte Wort vom «Schneidergang», geprägt auf den vergeblichen Versuch, Schulden einzutreiben, hält die Erinnerung an diese Praxis ebenso fest wie der scherzhafte Ruf, wenn's läutet oder an die Tür klopft: «Herein, wenn's kein Schneider ist!» Zugleich parodiert dies durch simple Negation eine ältere Aufforderung: «Herein, wenn's ein Schneider ist!», riefen die Schneidergesellen bei ihren Sitzungen, an denen nur die Kollegen teilnehmen durften.

Warum aber ist man aus dem Schneider, wenn man aus dem Schlamassel raus ist? Das hängt mit dem Spott zusammen, ein Schneider wöge nicht mehr als 30 Lot, wobei ein Lot 15,6 oder 16,7 Gramm misst. Daher ist beim Skat der Solospieler aus dem Schneider, wenn er wenigstens 31 Augen gemacht hat, bzw. die Gegenspieler sind es, wenn sie zumindest 30 Augen haben.

Frauen waren ironischerweise aus dem Schneider, wenn sie mit 30 Jahren das attraktivste Alter zur Heirat hinter sich hatten: Wer aus dem Schneider ist, ist nicht mehr jung, und wer zweimal aus dem Schneider ist, hat die 60 überschritten. Man sieht: In all diesen Redensarten ist der Schneider eine lächerliche Figur. In Wirklichkeit ist heute, im Zeitalter der Textilfabrik, der Schneider aus dem Schneider. Es gibt ihn kaum noch.

Grünschnäbel und Blaumacher Grün ist die Hoffnung, weiß die Friedensfahne, bei Trauer trägt man schwarz. So einfach ist das. Auch in der Politik ist alles klar: Die Linken sind rot, die Konservativen schwarz.

Ganz so einfach und klar ist das nicht. Schwarz ist die Farbe der CDU, die sie als christliche Partei vom Klerus übernommen hat. Schwarz trugen aber auch die italienischen Faschisten, die «Schwarzhemden» – im Unterschied zum Braun der deutschen Nationalsozialisten und zum Blau der spanischen Falangisten. Schwarz ist aber keineswegs eine rechte Farbe: Auch die Anarchistenfarbe ist Schwarz, nicht etwa Rot. Das linke Rot wiederum rührt von der Freiheitsfahne der Jakobiner her. 1834 machten aufständische Seidenweber in Lyon sie zur Fahne der Arbeiterbewegung. Es dauerte aber bis 1907, bis die II. Internationale Rot offiziell zur Farbe ihres Banners erklärte.

Rot ist das Blut und war deshalb in früheren Zeiten die Farbe des Krieges und der Justiz. Die Justiz und der Krieg waren eine Angelegenheit der Männer; tatsächlich war früher das feurige Rot männlich und Blau, die scheinbare Farbe des Wassers, weiblich. Erst als mit der Industrialisierung der Blaumann zur traditionellen Arbeitskleidung der Männer wurde, etablierte sich die heutige Farbsymbolik der Geschlechter. Dementsprechend verwendet man Babykleidung in den zarten Abtönungen Hellblau und Rosa für die Jungen bzw. Mädchen – allerdings erst seit Anfang des 20. Jahrhunderts. Bis dahin war die Babywäsche weiß.

Die Beziehung einer Farbe zu ihrer Bedeutung ist meist willkürlich und nach Geschichte und Kultur verschieden. Zudem wird ein und dieselbe Farbe je nach dem Zusammenhang, in dem sie steht, anders und mitunter widersprüchlich beurteilt. Weil grüne Früchte, grüne Erdbeeren zum Beispiel, unreif sind, steht Grün für menschliche Unreife, weshalb jugendliche Grünschnäbel eben noch grün hinter den Ohren sind. Zugleich steht Grün für Aufschwung und Erneuerung, weil im Frühling die abgestorbene Natur wieder grünt. Folglich ist die Hoffnung grün, verspricht man sich doch von der im Frühjahr keimenden Saat eine gute Ernte. Wohl deshalb wurde erst in der Jungsteinzeit, als der Mensch Getreide, Obst und Kräuter anzubauen begann, Grün zu einer mythisch überhöhten Farbe. Wurde bis dahin allein roter, gelber und weißer Zierrat aus Elfenbein, Eierschalen oder Zähnen verwendet, so gab es jetzt auch Schmuck aus grünlich schimmerndem Gestein wie Amazonit, Apatit, Jadeit oder Serpentinit.

Grün ist belebend: «Komm an meine grüne Seite.» Deshalb ist auch die Fahne des Propheten Mohammed grün, denn die Farbe der lebendigen Natur muss ein Wüstenvolk begeistern. Aber es gibt auch das Giftgrün, das aus der Malerei kommt. Die Maler gewannen Grün aus dem giftigen Kupfer-Grünspan, der in Arsen gelöst wurde. In einem Haus mit grünen Tapeten und grünen Möbelbezügen wohnte Napoleon im Exil auf St. Helena, und man vermutet, dass das darin enthaltene Arsen in dem feuchten Klima verdampfte und den Korsen tödlich vergiftete.

Andere Länder, andere Farben: Die Friedensfahne in den kommunistischen Ländern war nicht weiß, sondern blau. Und während wir Bleichgesichter just Weiß mit Reinheit und Unschuld verbinden (die Braut trägt weiß), gilt in Afrika Schwarz als die schönste Farbe. In Flaggen und Wappen meint sie das Volk, das afrikanische Freiheitssymbol ist der Schwarze Stern. In China hinwieder ist Gelb die ideale Farbe und Symbol auch der Naturkraft; gelb ist der Sand, der aus der Gobi nach Nordchina weht und sich als fruchtbarer Ackerboden ablagert. In Deutschland hingegen wird man gelb vor Neid, weil nach alter Meinung der Ärger aus der Galle kommt, die nicht nur gelbgrün aussieht, sondern auch ihren Namen von der Farbe hat.

Schon in der Antike symbolisierten Weiß und Schwarz den Gegensatz von Gut und Böse: Finster und unheimlich ist die Nacht, hell und klar der lichte Tag. Tagsüber sieht man alles, nachts aber sieht man schwarz, nämlich nichts. Schwarzsehen und schwarzhören, schwarzfahren und schwarzarbeiten sind von Übel, und man kann warten, bis man schwarz wird, nämlich tot ist: «Schwarz werden» meint «sterben», weil das Tote sich verfärbt. Klarer Fall, dass man bei Trauer schwarz trägt! Aber die Urchristen trugen weiß, Weiß verwies als Farbe der Vollkommenheit auf die Auferstehung. Gleichwohl ist schwarze Trauerkleidung seit Urzeiten in Gebrauch. Indes nicht, weil man um den Toten klagt, sondern aus Furcht vor Wiedergängerei. Getarnt durch schwarze Kleider, hoffte man, vom Geist des Verstorbenen nicht erkannt zu werden.

Warum aber macht man blau? Weil früher die Färber Blau machten. Dazu mussten sie aus den Blättern des Färberwaids durch Gärung Indigo gewinnen: Sie legten die indigohaltigen Blätter in Bottiche und gaben als Gär- und Lösungsmittel ihren eigenen Urin dazu. Außerdem nötig war Alkohol, um die Gärung zu beschleunigen; je mehr Alkohol man dazugab, desto mehr Farbstoff erhielt man. Also betranken sich die Färber, und das über zwei Wochen hinweg, denn so lange brauchte die Gärung. Obendrein musste es in dieser Zeit heiß und sonnig sein. So tranken nun die Färber unablässig, wie es ihnen die Arbeitspflicht gebot, lagen betrunken in der Sonne, machten Blau und waren blau.

Dicke, bunte und eiserne Hunde 1999 fand in Tübingen ein Volkskundekongress statt, an dem hundert Ethnologen aus aller Welt teilnahmen. Sie alle hatten nur ein Thema: Deutschland. Flavien Ndonko aus Kamerun hielt einen Vortrag über ein ganz besonderes Thema: «Hunde in Deutschland. Ein Beitrag zum Verstehen deutscher Menschen». Staunend berichtete der Mann aus Schwarzafrika – gewohnt an Straßenköter, die herrenlos im Dreck leben und im Müll nach Nahrung wühlen –, in Deutschland hätten Hunde beinah menschlichen Status erreicht und gälten kaum mehr als Tiere, sondern seien «Freund, Ehemann oder -frau, Elternteil, Kind».

Dass man früher auch in Mitteleuropa anders mit den Vierbeinern umsprang, lässt das Wort vom «Hundeleben» vermuten, das die Kläffer einst geführt haben müssen. Einen besonders krassen Fall von Tölenmissbrauch schildert Hermann Botes Volksbuch: Eulenspiegel, dem der Braumeister in Einbeck befohlen hat, Hopfen zu sieden, wirft stattdessen den Hund, der unglücklicherweise auf den Namen «Hopf» hört, in den Sudkessel «und ließ ihn wol versieden, daz ihm Hut (Haut) und Har abgieng und daz Fleisch aller Ding von den beinen (Knochen) fiel.» Nicht alle Leser von heute werden das lustig finden – damals genoss man es als eine tolle Geschichte. Noch heute sagt man zu einer solchen: «Da wird der Hund in der Pfanne verrückt.» In Deutschland ist das eine bloße Redensart, nicht jedoch in China und Korea. Hunde, die bellen, beißen nicht, das wussten schon die Römer; die Chinesen der Provinz Kanton, von denen es heißt, sie äßen alles, was vier Beine hat, ausgenommen Tische und Stühle, können sogar sagen: Hunde, die auf dem Teller liegen, bellen nicht.

In Deutschland gehört der Hund nicht auf den Teller, sondern zur Familie. Vor über 15 000 Jahren domestiziert, dürfte er das älteste Haustier sein. Schon Felsmalereien in Spanien zeigen ihn als Jagdhund. Als Begleiter und Diener ist er schier unentbehrlich geworden, als Helfer bei der Pirsch, Schützer der Herden und Wächter des Heims. Stets zur vollsten Zufriedenheit erledigt er die ihm aufgetragenen Arbeiten – als Schießhund, der nach dem Schuss des Jägers lospest, um das Wild zu packen, wie als Schoßhund, der «als haus- und zimmergenosse» (Grimms «Deutsches Wörterbuch») dem Menschen daheim den Gesellschafter macht.

Mit treuem Hundeblick schauen sie auf zu Herrchen und Frauchen und sind selbst Iwan Petrowitsch Pawlow dankbar, der sie für seine Experimente über das Nervensystem grausam quälte. Der Hund, der für Treue und Wachsamkeit steht, gibt zugleich das Bild der Unterwürfigkeit und des Jammers. Er degeneriert zur verachteten, «hündischen» Kreatur und dient dem Menschen zum Vergleich mit seinesgleichen, den er als «Hundesohn» beschimpft und der vor die Hunde gehen mag wie Abfall, den man einst dem Haushund hinwarf, oder wie krankes, schwaches Wild, das dem Jagdhund zur leichten Beute wird.

Der Hund bekräftigt als Vorsilbe das Schlechte und kennzeichnet es als hundsgemein und hundsmiserabel. Nach ihm wird der menschliche Abschaum benannt: Die «Kanaille» heißt auf Deutsch «Hundepack» und geht über das französische auf das lateinische Wort für den Hund, «canis», zurück. Eine nichtswürdige Person ist ein Hundsfott und so verworfen wie die läufige Hündin, die den Rüden nachläuft und nach menschlichem Maßstab wahl- und schamlos ist; das Schimpfwort bezieht sich nämlich auf das Geschlechtsteil der Hündin, die Fotze. Doch selbst wenn der Hund tut, was der Mensch will, ist er nicht davor gefeit, ihm als schlechtes Beispiel zu dienen: Wer die eigene Schwäche und Feigheit loswerden will, muss seinen inneren Schweinehund überwinden. Eigentlich war das der Hofhund, der gehorsam auf die braven Schweine aufpasste, kaum etwas zu tun hatte und deshalb zum Inbegriff der Trägheit wurde.

Nicht im wirklichen Leben, aber in der deutschen Sprache ist der Bello auf den Hund gekommen. Wo genau diese Redewendung herkommt, ist nicht ganz geklärt. Natürlich mag die Vorstellung vom niederen, armseligen Viech mitspielen: Wer auf den Hund kommt, ist auf ein erbärmliches Niveau gesunken. Ein solcher Gedanke liegt dem alten, bis ins 20. Jahrhundert hinein geübten Brauch zugrunde, auf dem Boden von Vorratsgefäßen einen Hund abzubilden: Hatte man alles verbraucht, so war man auf den Hund gekommen. Genauso malte man auch auf den Grund von Truhen und Kassetten einen zähnefletschenden Köter, um Diebe zu erschrecken. Ein solcher symbolischer Wachhund lauert bis heute zuunterst jener Schatztruhe, die im Friedrichsbau des Heidelberger Schlosses den Touristen gezeigt wird.

Der zuverlässige Haushund sichert den Schatz, der treue Jagdhund die Beute; wohl deshalb nennen die Bergleute den Förderwagen, der das Gestein, die Ausbeute, verlässlich abtransportiert, seit alters «Hunt». (Auch im Französischen heißt der Bergwerkskarren «chien des mines».) Es ist denkbar, dass der Name vom Transportkarren sogar aufs Transportgut überging. Das könnte begreiflich machen, warum im mittelalterlichen Deutsch die «hunde» auch die Beute, den Raub bezeichnete. Aber nein: Die «hunde», althochdeutsch «hunda», kommt von einem germanischen Verb, das im gotischen «hinthan» (fangen) überliefert ist. Noch heute vergraben Diebe ihre Beute, um sie erst, wenn die Luft rein ist, hervorzuholen und in Umlauf zu bringen: «Da liegt der Hund begraben» ist also keineswegs die Grabstätte eines treuen Vierbeiners, sondern der Ort, wo die heiße Ware verbuddelt ist. (Dass das Verb und der Tiername weit früher aus einer gleichen Sprachwurzel gewachsen sein mögen – denn ein zum Jagdhelfer abgerichtetes Raub- und Hetztier ist zum Fangen da –, steht auf einem anderen Blatt.)

Weitaus jünger ist im Deutschen eine andere Redensart: «Die Hunde bellen, aber die Karawane zieht weiter», sagte Helmut Kohl gern, was auf ein türkisches Sprichwort zurückgeht: «It ürür, kervan yürür.»

Im Unterschied zum ehemaligen Bundeskanzler sind Hunde gewöhnlich eher schlank, weshalb «ein dicker Hund» eine ziemliche Überraschung ist, und weil sie meist einfarbig sind, wird einer, der aus dem Rahmen fällt, «bekannt wie ein bunter Hund». Damit nicht genug, es gibt nicht nur dicke und bunte, sondern sogar eiserne Hunde: «Die Glocken, die eisernen Hunde der Luft, / Erheben ein Freudengebell», dichtete Heinrich Heine. Und damit genug gebellt; die Karawane der Basar-Artikel zieht weiter.

Für die Katz Gibt es Romane, deren Hauptfigur eine Kuh oder ein Schaf ist? Romane, deren Helden Hunde oder Katzen sind, gibt es sehr wohl: etwa «Der Hund, der Herr Bozzi hieß» von Istvan Békeffy oder E. T. A. Hoffmanns «Lebensansichten des Katers Murr». Ein Roman aber, in dem Hund und Katze gemeinsam das Heldenpaar stellen, ist nicht bekannt – sie vertragen sich eben nicht, wie schon der mittelhochdeutsche Autor Freidank um 1220 notierte: «Bi hunden und bi katzen / was bizen (beißen) ie und kratzen.»

Die Katze ist ein kleines Tier und ähnlich groß wie ein junges Ferkel oder ein Hase. So mag es einst wirklich vorgekommen sein, dass jemand auf dem Markt einen Festschmaus zu erwerben glaubte und daheim feststellen musste, dass er nur die Katze im Sack gekauft hatte. Till Eulenspiegel spielte den Leipziger Kürschnern einen solchen Streich, als sie «an der Fastnacht Abent gern Wiltpret hätten gehabt»: In der «55. Histori» von Hermann Botes Volksbuch aus dem Jahr 1515 wird berichtet, «wie Ulenspiegel ein lebendige Katz nägt (näht) in ein Hasenfell (und) in einem Sack für einen lebendigen Hasen verkoufft.»

Hermann Bote zufolge waren die Kürschner sehr aufgebracht: «Der unß mit der Katzen geäfft het, schlagen ihn tod!» Dabei hätten sie auch mit dem falschen Hasen etwas anfangen können. Zum einen wurde in der schlechten alten Zeit Katzenfleisch schon mal als Hasenfleisch aufgetischt. Karl Valentin spricht davon in einem Klapphornvers: «Ein Kätzlein sagte zu dem andern, / Ich glaube schon ans Seelenwandern, / Die andre sprach, du hast's erraten, / Morgen sind wir vielleicht Hasenbraten.»

Zum anderen konnte man den Pelz verwerten. Aus dem Balg kleiner Säugetiere wurden Lederbeutel gefertigt, aus dem Katzbalgen zum Beispiel ein Tornister oder ein Behältnis, in dem der Landsknecht ein kurzes Schwert für den Nahkampf trug, den Katzbalger. «Sich balgen» wurde deshalb zu einem Ausdruck fürs Raufen, und der «Balg» wanderte von den kleinen Tieren, deren Fell man abzog, in die Kinderstube, wo es – nun mit sächlichem Artikel, «das Balg» – eine ungebärdige Range bezeichnete, die mit anderen ringt und sich balgt.

Wahrscheinlich suchten Wildkatzen schon vor 10 000 Jahren mit Beginn der neolithischen Revolution die Nähe zu den menschlichen Siedlungen, denn wo Korn gelagert wird, sind Mäuse. Aus dem Kulturfolger wurde ein Haustier, das den alten Ägyptern heilig war; sie waren es wahrscheinlich, die aus einer nubischen Sprache den Namen «kadis» übernahmen. Ob sie es auch waren, die die nubische Feldkatze domestizierten, oder ob die Urahnen des Stubentigers von heute aus anderen nordafrikanischen Regionen stammen – worauf berberisch «kaddiska» schließen ließe –, steht dahin. Fest steht: Ob als Mäusefänger bei den alten Deutschen oder als Luxusgegenstand bei den modernen, die Hauskatze lebt seit Jahrtausenden mit den Menschen zusammen. Davon zeugen auch viele Worte. Katzen sind wasserscheu, deshalb macht, wer sich nur flüchtig wäscht, eine Katzenwäsche. (Dabei sind Katzen reinlich, vergraben ihre Notdurft und säubern sich immer wieder durch das Ablecken des Fells.) Eine Katze macht keine großen Sprünge, deshalb bezeichnet der Katzensprung – das Wort ist schon im 16. Jahrhundert üblich – eine kurze Distanz. Der Katzentisch ist eigentlich der Fußboden: Dort lauert die Katze auf ein paar Brocken vom Menschentisch. Vor allem Fischreste, Wurstpellen usw. waren für die Katz.

Manches aber, was *von* der Katz zu kommen scheint, kommt in Wahrheit ganz woanders her. Die Katzelmacher zum Beispiel. Die Österreicher schimpften damit die Italiener. Als Norditalien noch zur Habsburgermonarchie gehörte, gab es arme italienische Handwerker, die durch die deutschsprachigen Teile des Reiches wanderten und «cazza», tirolerisch «Gatzeln» – das sind Löffel oder Kellen – herstellten. Die Kesselmacher, die oft Zigeuner waren, spielten sicher auch eine Rolle, um die «Katzelmacher» zum Schimpfwort zu machen.

Gleichfalls nicht von der Katze kommt der Katzenjammer, sondern vom Saufen. Er ist eigentlich ein Kotzenjammer. Studenten in Sachsen, wo das «a» oft wie ein «o» ausgesprochen wird, sollen aus Ulk das Wort umgedeutet haben. Ihnen verdankt sich auch der «Kater» nach einem Rausch. Er ist der verballhornte «Katarrh», das griechische Wort für den Schnupfen, das die Leipziger Bürger ähnlich ausgesprochen haben mögen wie den echten «Kater».

Dem Gaul aufs Maul geschaut Was heute das Auto ist, war einst das Pferd, und der Traktor auf dem Land war ein Ackergaul. Vom hohen Ross bis zum müden Klepper, von der Rosinante, wie Don Quixotes edle Mähre hieß, bis zum kindlichen Hottehü war das Pferd ein treuer Begleiter des Menschen. Als Arbeitspferd und Verkehrsmittel war es unentbehrlich – kein Wunder deshalb, dass im Wilden Westen auf Pferdediebstahl der Tod stand; darum konnte man Pferde stehlen auch nur mit jemandem, der mutig und absolut zuverlässig war.

Weniger in der Realität als in Redensarten lebt das Pferd heute fort, und wie viel Kraft diese Redewendungen haben, ersieht man daran, dass keine zehn Pferde sie dazu bringen, aus der Sprache zu verschwinden. Sie haben geradezu eine Pferdenatur, so unverwüstlich sind sie. Und weil das Pferd auch wirklich stark und robust ist, rühmte Johannes Agricola im 16. Jahrhundert seine dem Menschen nützliche Pferdestärke: «Eyn pferd und ein maul(-tier) thun grosse arbeyt», weshalb «man von grosser arbeyt sagt, die schier uber eyns menschen kreffte ist, es sey rossarbeyt.»

Pferde arbeiten zu sehen ist heute unwahrscheinlich – Pferde kotzen zu sehen war schon immer nahezu ausgeschlossen. Die Redensart stellt auf das Eintreten eines schier ausgeschlossenen Ereignisses ab: Pferde verfügen am Mageneingang über sehr starke Schließmuskeln, die den Weg der Nahrung zurück in die Speiseröhre nahezu unmöglich machen.

Heute warnt man vor Gebrauchtwagenverkäufern, die einem ein X für ein U vormachen, weshalb sie, wie Robert Gernhardt scherzte, eigentlich «Gebraxtwagenverkäxfer» heißen müssten. Der Gebraxtwagenverkäxfer von einst war der Rosstäuscher. Um das Risiko beim Pferdekauf einzugrenzen, schaute man dem Gaul ins Maul, weil der Zustand der Zähne aufs Alter schließen lässt. Einzig und allein «einem geschenkten Gaul schaut man nicht ins Maul», was ähnlich schon beim spätantiken Kirchenlehrer Hieronymus steht. Aber das heißt nicht, dass der Gottesmann sich auch in den profanen Dingen auskannte, denn schon damals war das ein Sprichwort.

Die Gebraxtwagenverkäxfer werden sich eine pauschale Verurteilung ihres Berufsstandes vielleicht mit dem sprichwörtlichen Hinweis verbitten, man möge doch nichts vom Pferd erzählen. Genau das tat natürlich der Rosstäuscher, um seine Zossen an den Mann zu bringen. Und wirklich sollte man, statt sich mit Vorurteilen zu vergaloppieren, besser Ross und Reiter nennen. Das pflegte man bei den mittelalterlichen Turnieren zu tun, weil das Publikum Pferd und Ritter in ihren Rüstungen ja nicht erkennen konnte.

So wie heute das Autofahren wollte früher das Reiten gelernt sein. Fing man die Sache ganz verkehrt an, so zäumte man das Pferd beim Schwanz auf, worüber schon Luther spöttelte: «Das heißt der rechte Meister Klügle: / Der das Ross am Hintern zäumen kann / Und reitet rücklings seine Bahn.» Das Pferd beim Schwanz aufzäumen, das ist also etwa so, als stiege der Autofahrer durch den Kofferraum ein.

Wer aber zu reiten verstand, saß auf dem hohen Ross. Das waren die hohen Herren, die sich ein Reitpferd leisten konnten und mit den gemeinen Leuten, die zu Fuß gehen mussten, im Wortsinne von oben herab sprachen. Wie sich die Zeiten gleichen: Auch heute können sich arme Schlucker kein Auto leisten, und wenn doch, dann eine alte Klapperkiste – sozusagen der Klepper des Automobilzeitalters.

Da fliegt die Kuh Das Rindvieh liefert uns Fleisch, Milch und Leder und stellte einst auch seine Arbeitskraft zur Verfügung. Doch die Zeiten wandeln sich und Mensch und Ochse sich mit ihnen: Heutzutage büffeln und ochsen nur noch Schüler und Examenskandidaten, und nicht der Ochse macht die Ochsentour, indem er den Pflug zieht, sondern ehrgeizige Leute, die sich mühsam nach oben dienen. Auch Politiker nehmen alle vier Jahre die Ochsentour einer Wahlkampfreise auf sich. Sie haben eine weitere Gemeinsamkeit mit dem Hornvieh: Ihnen vor allem ist noch der Kuhhandel vertraut, wenn sie um Posten und Beschlüsse feilschen wie einst Viehhändler und Bauer um die Kuh.

Der Inder findet seine Kuh heilig, hierzulande kennt man die blöde, dusselige oder doofe Kuh. Wer schwer von Kapee ist, steht da wie die Kuh vorm neuen Tor, und weil Rinder schwerfällig sind, ist es ein starkes Bild fürs ausgelassene Feiern nach dem Joch des Alltags, sich ungehemmt zu amüsieren und die Kuh fliegen zu lassen. Rinder sind offenbar nichts weniger als klug, und bei so viel Missachtung der tierischen Geisteskraft macht einen nur die Etymologie stutzig, der zufolge nämlich die Worte «Rind», althochdeutsch «hrind», und «Hirn» wesensverwandt sein sollen. Aber manchmal ist es eben auch im Innern der Sprachgeschichte so dunkel wie in einer Kuh. (Um aber doch ein schwaches Licht anzuknipsen: Was beide Worte verbindet, ist das «Horn», das in indoeuropäischer Zeit wohl gleichermaßen das Äußere wie den Inhalt eines Schädels meinen konnte.)

Kühe verdanken ihren Namen wahrscheinlich ihrem Gebrüll, welches schon die althochdeutsche Form «kuo» hörbar nachahmt. Die Bullen heißen nach ihrem Gemächt: Ihr Name hängt mit «phallus» zusammen, das wieder mit dem «Ball» und mit jenen «Bällchen» urverwandt ist, die auch den Hoden umschreiben. Kein Bulle will Ochse werden, doch einst war es vielleicht anders: Ursprünglich bezeichnete das Wort «Ochse» nämlich das Gegenteil eines Rindereunuchen, den Zuchtstier, und bedeutete im Indoeuropäischen: Befeuchter, Samenspritzer.

Kühe und Bullen waren früher die alltägliche Bevölkerung der ländlichen Weiden, heute scheinen sie sich mehr im Stall als im Freien aufzuhalten. So sieht man denn auch den Pfingstochsen nicht mehr und kennt ihn nur noch im übertragenen Sinn. Er war der festlich aufgebrezelte Ochse, der entweder zum Pfingstbraten der Dorfgemeinde bestimmt war oder die Herde anführte, die man zu Pfingsten auf die Sommerweide trieb.

Im Hintergrund steht hier die heidnische Verehrung der zum sommerlich prallen Leben erwachten Natur. Auch der Tanz ums Goldene Kalb ist heidnisch, ja ketzerisch. 2 Mose 32,2–8 schildert, wie Aaron aus dem Goldschmuck der Israeliten ein Kalb gießen lässt, dem das Volk Brand- und Dankopfer darbringt und das es mit Tanz und Spiel feiert. Seither steht das Goldene Kalb für Geld und Reichtum. Deren Anbetung ist verwerflich, weil man über den irdischen, materiellen Gütern die höheren Interessen vergisst.

Die Ähnlichkeit des Goldenen Kalbs mit der Goldenen Bulle ist nur zufällig. Diese ist eine Urkunde bzw. das Siegel, das ein Schriftstück zur Urkunde erhebt. Das Wort stammt vom lateinischen «bulla» ab, die «Wasserblase»: Rund wie sie ist das Siegel, weshalb der Name darauf überging. Die Goldene Bulle war eine besonders wichtige Bulle, sie war ein Grundgesetz des Heiligen Römischen Reichs: 1356 von Karl IV. erlassen, regelte sie die Wahl des deutschen Königs durch die sieben Kurfürsten.

Die Urkunden selbst wurden auf Pergament gefertigt. Gewöhnlich handelte es sich um Pergament aus Schaf- oder Kalbshaut. Weitaus größer wäre ein Pergament aus Kuhhaut. Wie lang muss ein Sündenregister sein, das selbst darauf nicht Platz hat! Hierauf stellt die bekannte Redeweise ab: «Summa, ich habe so viel getrieben, wann es

alles solt seyn beschrieben, es gieng auff keine Kuhhaut nicht», sagt
ein schurkischer Bauer in Wolfhart Spangenbergs Drama «Mam-
mons Sold» von 1614. Johann Gottfried Schnabel steigerte in der
«Insel Felsenburg» (1743) die Vorstellung noch: «Er hielt mir die
Kuhhaut oder vielmehr Elephantenhaut vor, worauf alle meine
Sünden verzeichnet waren.» Heute ist diese Vorstellung verblasst,
und man parodiert: «Das geht auf keinen Kuhfladen.»

Heute ist es leicht, seinen Spaß an den alten, abgelebten Bräuchen
und Vorstellungen zu haben. Dabei war gerade die Sache mit der
Kuhhaut nicht bloß eine geistliche Ermahnung zum gottgefälligen
Lebenswandel, sondern auch eine blutige Angelegenheit auf Erden,
wenn Vater Staat sie in seine schlimmen Hände nahm. Noch im
Criminal-Gesetzbuch des Königreichs Hannover von 1840 findet
sich jene Bestimmung, die bis ins finstere Mittelalter zurückgeht und
für die «geschärfte Todesstrafe» bei Hochverrat und Verwandten-
mord vorsah, es «soll der Verbrecher auf einer Kuhhaut zum Richt-
platz geschleift werden.»

Allerlei Schweinkram «Das Schwein führt seinen Namen in der Tat,
denn es ist ein sehr unreinliches Tier», sagte der für seine Schwupper
berühmte Gothaer Schulprofessor Johann Georg August Galletti
(1750–1828). Indes, Dreck reinigt nicht nur den Magen, sondern
auch das Äußere: Die Suhle ist die Badewanne des Borstenviehs, in
der es Parasiten ab- und sich einen Schutzmantel überstreift. Dem
Menschen jedoch, der von sich auf andere schließt und von anderen
auf sich, wurde das Schwein zum Inbegriff des wirklichen und mora-
lischen Schmutzes und «Schwein» wie «Ferkel» und «Sau», wie
«Schweinerei» und «schweinisch» zum Schimpfwort.

«Uns ist ganz kannibalisch wohl, / Als wie fünfhundert Säuen!»,
singen die wild zechenden Studenten in Auerbachs Keller, nachdem
Mephisto jedem ein Loch in den Tischrand gebohrt hat, aus dem der
Wein direkt ins Glas fließt. Wie das Lied beweist, ist das Schweini-
sche nicht nur abscheulich, sondern auch verlockend. Der reizende
Schweinkram und die rüpelhafte Rampensau – im Theaterjargon
und im Mediendeutsch ein Wort für sich in den Vordergrund drän-

gende Personen – belegen das ebenso wie der moderne Werbespruch für eine CD, der «saugute Hits zu Schweinepreisen» verspricht, und das gute alte Schweinigeln. Im 17. Jahrhundert war «Schweinigel» nur ein volkstümliches Wort für den Igel, weil seine Schnauze der des Schweines ähnelt, aber schon im 18. Jahrhundert wurde es zum Schimpf: Wer Zoten reißt, der schweinigelt. Und wer unkeusch lebt, ist ein Schweinepriester – ursprünglich war das der Spitzname für den Schweinehirten eines Klosters.

Mag sein, dass die frömmelnden Mönche diesen Spott unter aller Sau fanden – doch halt: ebendiese Sau ist gar keine mehr, sondern stammt aus dem Jiddischen: «seo» heißt «Maßstab» und wanderte über das Rotwelsch in die Umgangssprache ein.

Den Juden und in ihrer Nachfolge den Moslems gilt das Schwein als unrein; das fünfte Buch Mose (Kapitel 14, Vers 8) will es so. Besonders frevelhaft ist es deshalb, Perlen vor die Säue zu werfen, wie es das Matthäusevangelium (Kapitel 7, Vers 6) berichtet. Die Perlen sind nämlich in Wahrheit geweihtes Brot. Noch in der byzantinischen Kirche gab es die Tradition, solches Brot, zu kleinen Brocken zerkrümelt, den Gläubigen zu reichen. Zufällig waren (und sind bis heute) die Worte für Brosamen und Perlen im Griechischen identisch – Luther entschied sich für die bildkräftige Version.

Während die Juden, die seit 2000 Jahren in der Diaspora mit Gojim, Nichtjuden, zusammenleben und den Anblick von Schweinernem auf dem Teller gewöhnt sein mögen, blieb den Moslems Schweinefleisch ekelhaft – wohl etwa so wie uns Hundefleisch. Eine Anekdote von Roda Roda spielt in Mazedonien, als es noch osmanisch war:

«Eine Christin war angeklagt, ein Ferkel gestohlen zu haben. Der Kadi, Anatolier von Geburt, hatte in seiner urislamischen Heimat nie ein Schwein gesehen. ‹Was hast du mit dem entwendeten Gut begonnen?›, fragte er schaudernd. – ‹Ich habe es gegessen›, antwortete die Frau. – ‹Gegessen?›, rief der Kadi entsetzt. ‹Und warum?› – ‹Aus Hunger›, entgegnete sie. – ‹Hah›, sprach der Kadi mitleidig, ‹war dein Hunger so unwiderstehlich, daß du ein Schwein essen konntest? Wohin hast du dann die Haut getan?› – Der Frau lief bei der Erinnerung an die knusprige Schwarte das Wasser im Mund zusammen. ‹Auch die Haut habe ich gegessen›, sagte sie. – Da schüttelte sich der Kadi vor Ekel und sprach ernst: ‹Weib, wenn dein Hunger so groß war, daß er dich alle menschlichen Regungen vergessen ließ, magst du frei ausgehen.›»

Ab der Mitte des sechsten vorchristlichen Jahrtausends wurde das Schwein domestiziert. Ausgerechnet Palästina bildete den Mittelpunkt der Schweinezucht. Doch die von der Klimaerwärmung verursachte Austrocknung des Landes setzte den Schweinen zu, weil sie nicht schwitzen können und feuchte Suhlen brauchen. Als die Israeliten einwanderten, konnten sie also wenig mit dem Borstenvieh anfangen, zumal es nicht zu ihrer damaligen halbnomadischen, beduinenähnlichen Lebensweise passte; Schweine sind wenig wanderlustige Gesellen. Für den Menschen ist das eigentlich ein Vorteil, denn kein Tier war ebenso leicht zu zähmen: Es braucht nicht viel mehr, als die Frischlinge der Bache wegzunehmen, sie einzuhegen und mit dem zu füttern, was der Homo sapiens übrig lässt. Eine besondere Pflege ist überflüssig. Zudem kann sich das Schwein bereits nach einem Jahr fortpflanzen und viele Junge werfen. Es ist der beste und billigste Fleischlieferant, und kaum ein Tier ist ähnlich verwertbar wie das arme Schwein: 96% seines Körpers werden verwurstet und verschnitzelt.

Im Grunde hatte der steinzeitliche Mensch Schwein, dass er Schweine hatte. «Schwein haben» heißt Glück haben, und ähnlich war die rotwelsche «sau» ein Wort für den blinden, gütigen Zufall. Zum einen gilt das Schwein, das einen feinen Geruchssinn hat und wertvolle Trüffel erschnüffelt, als Glücksbringer. Zum andern gab es im 16. Jahrhundert ein Kartenspiel, auf dessen höchster Karte, dem Schellen-Ass, ein Schwein abgebildet war, der Sauober. (In den modernen Kartensatz übersetzt, entspräche Schellen dem Karo.) Drittens endlich war das Schwein im Mittelalter ein Spottpreis, vergleichbar dem Bock, den der schlechteste Schütze beim Schießwettkampf zum Trost und Tort gewann. In einem Bericht von 1448 über ein Pferderennen in München heißt es: «Das vordist pferdt gewan ain Scharlach-Tuch, das ander darnach ain Sperber mit seiner Zuegehörung, das drit ain armbst (Armbrust), unnd das lest pferdt ain Saw.» Möglich, dass der Preis dem Gewinner mit spöttischen

Glückwünschen überreicht wurde und dieser seine Sau, einem Spießrutenlauf gleich, unter dem Gejohle der Zuschauer heimtrieb.

Immerhin ist auch ein solches Tier nützlich und ein Sparschwein in des Wortes alter Bedeutung, die sich heute vom Fleischvorrat auf die Geldrücklage verschoben hat. Wie das Kind seine Münzen ins Sparschwein wirft, so fütterte noch in den 50er Jahren des 20. Jahrhunderts manche Fabrikarbeiterfamilie ihr Borstentier und futterte es dann.

Vom Schäferstündchen zum Schäfermatt Religion und Wirklichkeit gehen manchmal doch auseinander. In der christlichen Lehre bilden die Schafe die Gemeinde, die der gute Hirte beschützt, der auch «ein verirrtes und verlorenes Schaf» (Psalm 119,176) sucht und wiederfindet. In der rauen Wirklichkeit aber nennt man nicht den gläubigen, sondern den gutgläubigen und einfältigen Menschen ein Schaf, weshalb zum Beispiel Wilhelm Busch in seinem komischen Epos den verhinderten Dichter, dessen naive Künstlerträume an der rauen Realität zerschellen, auf den lächerlichen Namen «Balduin Bählamm» taufte. «Das schaf hat minner (minder) vernunft dann andren tier», stellte schon im Mittelalter Konrad von Megenberg fest. Die Kirche kennt das Opferlamm und als dessen höchste Ausprägung «das Lamm Gottes, welches der Welt Sünde trägt» (Joh. 1,29), nämlich Jesus. Der weltliche Mensch spricht stattdessen ironisch vom Unschuldslamm, das nur so tut.

Das Schaf wurde zuerst in Vorderasien gezähmt und ist eines der ältesten Haustiere. Die Schäferei war einst eine Grundlage des Wirtschaftslebens, auch bei den Hebräern. Entsprechend zahlreich sind daher die biblischen Stellen. Das «schwarze Schaf» zum Beispiel geht aufs Alte Testament zurück. «Ich will durch alle deine Herden gehen und aussondern alle gefleckten und bunten Schafe und alle schwarzen Schafe», heißt es in 1 Mose 30,32. Das kann man religiös, juristisch und moralisch verstehen, aber ursprünglich war das schwarze Schaf nur deshalb unerwünscht, weil man helle Wolle gewinnen wollte, die sich beliebig färben lässt. Dass hellhäutige Menschen wie die Semiten und Indoeuropäer der Farbe Schwarz das

Böse und den Tod assoziieren, wird den Ausdruck vom schwarzen Schaf dann über die Gewinnung von Vlies, von Fell und Rohwolle, hinaus populär gemacht und ihm all die uneigentlichen Bedeutungen eingetragen haben.

Ebenfalls auf das Schäferhandwerk nimmt Jesus Bezug, wenn er vom Jüngsten Gericht predigt und ankündigt, vor seinem Thron würden «alle Völker versammelt werden. Und er wird sie voneinander scheiden, gleichwie ein Hirt die Schafe von den Böcken scheidet, und wird die Schafe zu seiner Rechten stellen und die Böcke zur Linken.» (Matth. 25,32 f.) Jesus meint damit die Trennung der Gesegneten von den Verfluchten und spielt auf die Arbeit des Schäfers an, der Zippen – die weiblichen Schafe – und Widder sondert und nur die stärksten Böcke zur Zucht einsetzt.

Bis in die Neuzeit hinein war die Schäferei auch in Deutschland wichtig. Aus der Sorge des Hirten um den Bestand der Herde rührt die schon im 16. Jahrhundert bekannte Wendung «seine Schäfchen ins Trockene bringen» her. Zwar schadet der Regen der Wolle nicht, denn das fettige Schaffell ist wasserabweisend. Aber auf sumpfigen oder an einem Gewässer gelegenen Weiden infizierten sich die Schafe oft mit einem tödlichen Parasiten, dem Leberegel. Auf trockenen Weideplätzen blieben die Tiere davor bewahrt. Ein «Hauswirtschaftsbuch» erklärte schon 1722: «Die sumpfigen Wiesen und Teichtriften sind den Schafen über die Maßen schädlich, aber die Weide auf hohen Feldern, Gehölzen und Bergen ist ihnen zuträglich.»

Auf trockenem Gras ist gut weiden, der Schäfer kann ausspannen und vielleicht gar ein Schäferstündchen halten. Dieses Wort hat seinen Ursprung in der Zeit des Rokoko, als man der starren zeremoniellen Formen überdrüssig ward und sich nach natürlichem, ungezwungenem Benehmen sehnte. Der in freier Natur lebende Schäfer wurde zum poetischen Vorbild und als Inbegriff eines naiv-sündlosen Landlebens verklärt. Und tatsächlich ist ja nichts natürlicher als das zärtliche Beisammensein der Verliebten, eben das Schäferstündchen.

Das Schäfermatt jedoch ist nicht die Folge des Schäferstündchens. Auf die Naivität des Hirten stellt der Ausdruck freilich schon ab. Im Schach ist das Schäfermatt eine besonders kurze und peinliche Art der Mattsetzung: Viel plumper als in den vier Zügen 1. e4 e5 2. Lc4 Lc5 3. Dh5 Sf6 4. Df7: matt geht es kaum.

Eine Satire auf den Menschen «Der Mensch kommt unter allen Tieren in der Welt dem Affen am nächsten», schrieb Lichtenberg. Kein Wunder, dass so viele idiomatische Ausdrücke mit dem behaarten Vetter zu tun haben. Vor allem als «Satyre auf den Menschen» (Hegel) wird der «Affe» benutzt und meint dann eine Person, die man nicht ernst nehmen kann; hat sie «einen Affen an jemandem gefressen», so ist scheinbar ein unvernünftiger Kobold in sie gefahren und macht sie jedenfalls zeitweise närrisch und unzurechnungsfähig. Jugendliche titulieren als «Affe» einen Dummkopf oder einen allzu gutmütigen Kameraden, den man ungestraft frotzeln kann.

Der Affe ist der ungezogene und unzurechnungsfähige Verwandte des Menschen. Wohl weil junge Menschen noch nicht so gesittet und vernünftig sind wie erwachsene, haben sie ihre (selbst-)ironische Freude an affigen Vokabeln. So fühlten sich frühere Schülergenerationen wie in einem Affentheater: Das Schulgebäude ist ein Affenhaus, die Turnhalle ein Affenkäfig, der Ranzen abermals ein Affe – ganz so, wie der Soldat seinen Tornister nannte nach dem Affen auf der Schulter des Gauklers.

Wenn die Jugendlichen etwas affengeil finden, so zwitschern sie nicht viel anders, als die Alten es ihnen vorsingen, denn die Affen dienen als groteske Steigerung wie in «Affenhitze», «Affenliebe» und «Affenzahn». Eigenartig am Affenzahn ist allerdings der «Zahn»: Er geht auf die Jagdflugzeuge des Ersten Weltkriegs zurück. Zum Gasgeben diente damals eine Stange, die zum Einrasten mit Zähnen versehen war. Schob man die Stange nach vorn, so legte man einen oder mehrere Zähne zu, und das Flugzeug beschleunigte.

Wer einen Affenzahn draufhat, bewegt sich mit affenartiger Geschwindigkeit, eine Redensart, die im Deutschen Krieg von 1866 aufkam. In blitzschnellem Vormarsch hatten die Preußen die mit den Österreichern verbündeten Staaten Sachsen, Kurhessen und Hannover überrannt, weshalb ein August Krawani am 18.6.1866 in der Wiener Zeitung «Die Presse» urteilte: «Die Preußen entwickeln überhaupt eine affenartige Beweglichkeit.» Noch im selben Jahr griff die Berliner Satirezeitung «Kladderadatsch» diesen Ausdruck auf und gab ihm die bis heute gültige Gestalt.

Sonderbar wie der Affenzahn sind die Maulaffen, die man feilbietet, wenn man offenen Mundes gafft. Damit, dass da ein Norddeutscher «dat Muul aapen» hielte, hat das nichts zu tun. Man muss hier etwas weiter ausholen. In den finsteren Zeiten, als es noch kein elektrisches Licht und keine Petroleumfunzeln gab, benutzte man brennende Kienspäne, wie es ein gewisser Olavs Magnus 1567 in seiner «Historia de gentibus septentrionalibus», in seiner Geschichte der nördlichen Völker, berichtete: «Uber das braucht man durch alle mittnächtlichen Länder das Kienholtz in allerley gestalt / wie die gemeinen Haußkertzen / Nemlich also/wann einer mit beiden henden zuschaffen hat / steckt er etliche dünn geschnittene spän / under die gürteln, und nimpt ein brennenden span in den mundt / gehet also hin und wider wo er will / und arbeitet was jm gefellt.» Als man einen Gegenstand schuf, um den Kienspan zu halten, formte man ihn nach dem menschlichen Vorbild als einen Kopf mit offenem Mund, in dem der Span steckt. Diese Figur hieß «Maulauf», woraus der «Maulaffe» wurde. Und natürlich wurden diese Maulaffen auch zum Kauf «feilgeboten».

«Mich laust der Affe!», könnte man angesichts dieser Erklärung sagen. Auf den Jahrmärkten kam es vor, dass der Affe des Gauklers einem Zuschauer auf die Schulter sprang und ihm nach Affenart die Kopfhaut untersuchte. Der Zuschauer war natürlich verdutzt – weshalb der Ruf Überraschung ausdrückt.

Und damit: Klappe zu, Affe tot! Das soll ein Jahrmarktvorführer gesagt haben, dem seine Attraktion gestorben war: Der Affe ist tot, der Käfig darum leer, und die Klappe bleibt zu.

Kein Bock Häufiger als im Wald und auf dem Land begegnet man dem Bock heute in der Sprache der Jugend, die Bock auf etwas hat, wo man früher Lust verspürte. Diese Umschreibung und Verbildlichung durch das männliche Tier mit Geweih oder Gehörn ist zu begreifen, ebenso wie die traditionellen Schimpfworte vom alten oder geilen Bock. Doch je näher man sich diesen Bock anschaut, desto fremder schaut er zurück: Er ist jedenfalls nicht auf direktem Weg vom Tier gezeugt, sondern kam erst über einen Umweg zur Welt, nämlich über das Zigeunerwort für Hunger, «bokh», das über die «Gier» endlich die Bedeutung von «Drang, Trieb, Lust» annahm.

Noch seltsamer mutet es an, dass der Bock auch einen schweren Fehler bezeichnet und man etwas verbocken kann. Im Mittelhochdeutschen bezeichnete der «buc» einen Stoß, einen Sturz, und vielleicht kann man von hier die Brücke zur Bedeutung «Fehltritt» und endlich «Fehler» schlagen. Ein sprachbegabter Spaßvogel bräuchte dann nur ein Wortspiel mit «buc» und «boc» zu machen und seinen Witz zur allgemeinen Gaudi noch in die Tat umzusetzen – und fertig ist jener Brauch, der bei spätmittelalterlichen Schießwettkämpfen mancherorts üblich war: Da erhielt der schlechteste Schütze als Trost- und Spottpreis einen Ziegenbock. Aus diesem Grund schießt man einen Bock, wenn es danebengeht; und hierher rührt es auch, dass man Bockmist macht. Man könnte ihn mit dem beliebten deutschen Wörtchen übersetzen, ursprünglich ist er aber ein doppelt gemoppelter Fehler (Bock) bzw. Unsinn (Mist).

Ein Ziegenbock war kaum ein willkommenes Geschenk, weil er im Unterschied zur Zippe keine Milch liefert. Für den Küchengarten ist er sowieso ein Schädling, denn er frisst das Grünzeug ab und zertrampelt die Beete: Eine barocke Darstellung zeigt den aufrecht stehenden Ziegenbock, wie er die jungen Spitzen einer Staude abfrisst. Im Garten ist er also denkbar fehl am Platz, weshalb man den Bock zum Gärtner macht, wenn man den Ungeeignetsten mit einer Aufgabe betraut. Aus dem Danzig des 17. Jahrhunderts ist der Spruch erhalten: «Wer den Bock zum Gärtner setzet, den Hund nach schmehr und die Katze nach bradtwürsten schicket, krieget selten etwas heimb.»

Das Fleisch eines Bocks wird zäh und bitter sein. Die heiß begehrte Bockwurst hat denn auch nichts mit ihm zu tun und heißt vielmehr so, weil man sie in München zur Bockbierzeit verzehrte. Das Bockbier wiederum kam ursprünglich aus der südniedersächsischen Stadt Einbeck. Das dort gebraute Bier war schon im Mittelalter berühmt und wurde weithin exportiert – weshalb sogar die

Franzosen «un bock» sagen, wenn sie ein kleines Glas Bier bestellen. Weil die Transportkosten hoch waren, begannen im 17. Jahrhundert die Münchner, Bier nach Einbecker Art selber zu brauen. Anfangs nannten sie es «Ainpockisch Bier», woraus im Lauf der Zeit das «Aimbock» (wie es noch im 19. Jahrhundert hieß) und heute das Bockbier wurde.

Wer kein Bier trinkt, schätzt vielleicht Wein, Bocksbeutel zum Beispiel. Der Frankenwein hat diesen Namen nach der bauchigen, breiten Flasche. Tatsächlich lagerte und transportierte man Wein früher in Tierbälgen, aber der Hoden des Ziegenbocks, auf den der Name der Flasche seiner Form wegen anspielt, wurde gewiss nicht verwertet; die Flaschenform verdankt sich denn auch nicht ihm, sondern bildet die alten Pilgertrinkbeutel aus getrockneten, ausgehöhlten Kürbissen nach.

Schließlich und endlich gibt es noch den Bock in der Sporthalle, der, ähnlich wie das längere Pferd, ursprünglich der Tiergestalt nachgebildet war und allgemein ein vierbeiniges Turngerät meint. Auch hier ist der Bock also nur bildlich zu verstehen und nicht wirklich einer. «Eine Rose ist eine Rose ist eine Rose», dichtete Gertrud Stein, aber wann ist ein Bock eigentlich ein Bock?

Einem Mann ein lateinisches Y aufsetzen «Eine wunderschöne Historie von dem gehörnten Siegfried» versprach das berühmte Volksbuch von 1726, das die Siegfriedsage, die im Nibelungenlied überliefert ist, populär nacherzählte. Würde das Buch halten, was der Titel verspricht, so wäre das weniger eine wunderschöne als eine seltsame Historie. Indes – der gehörnte Siegfried ist natürlich kein betrogener Gatte, sondern der nach dem Bad im Drachenblut «mit Horn überzogene» Siegfried.

Seltsam ist die Vorstellung schon, dass die Frau ihrem Ehemann Hörner aufsetzt, wenn sie ihn betrügt, zumal das Horn sonst eher für männliche Kraft steht. Aber noch heute beschimpft man in Italien, Spanien und Portugal den betrogenen Ehemann als «Bock». Wahrscheinlich geht dies auf eine Beobachtung zurück, die man vor Zeiten in den Hirtenkulturen des Mittelmeerraumes machte: Während der Schafbock, der Widder, keine Rivalen neben sich duldet, lässt der Ziegenbock auch andere männliche Artgenossen die Weibchen in seinem Regierungsbezirk bespringen. Der gehörnte Mann wäre dann also der Ziegenbock. Ein «Widder»-Mann dagegen würde den Nebenbuhler rechtzeitig auf die Hörner nehmen, statt zuzulassen, dass die Frau «einem Manne ein lateinisches Y aufsetzen» kann, wie es Abraham a Sancta Clara im 17. Jahrhundert umschrieb. Dass die Redewendung vom Hörner aufsetzen in der Tat noch weit älter ist, beweist des Römers Petronius Satire vom «Gastmahl des Trimalchio», auf dem der Gastgeber die Tierkreiszeichen deutet und sagt, dass «im Zeichen des Steinbocks» – der Steinbock gehört zur Gattung der Ziegen – «die armen Teufel» geboren werden, «wo das Pech haben, dass ihnen Hörner aufgesetzt werden.»

Dass dem Gehörnten die Hörner nicht wachsen, sondern «aufgesetzt» werden, rührt wohl von einem bäuerlichen Brauch her. Der Landmann nämlich pflanzte dem kastrierten Hahn, dem Kapaun, die abgeschnittenen Sporen in den Kamm, wo sie wie Hörner festwuchsen und den Kapaun in der Hühnerschar sofort vom Hahn unterschieden (was in Fragen des Sonntagsbratens wichtig war). Tatsächlich nannte man früher den betrogenen Ehemann «Hahnrei», wobei «rei» mit «rein» zusammenhängt und «verschnitten, kastriert» bedeutet.

Andererseits meint das Horn in der Tat männliche Kraft, insbesondere Geschlechtskraft. Wer sich die Hörner noch nicht abgestoßen oder abgelaufen hat, ist ungestüm und muss sich erst noch (sexuell) austoben – wie auch die Böcke des Wilds ruhiger, reifer und solide werden, wenn sie sich erst einmal ihr Gestänge an den Bäumen abgestoßen oder im Kampf mit den Rivalen während der Brunft beschädigt haben.

Aber das Horn versinnbildlicht auch Dummheit; der Hornochse steht dafür. Noch im 18. Jahrhundert war es studentischer Brauch, das Erstsemester, das damals «Bacchant» hieß, feierlich als Ziegenbock zu verkleiden und ihm dann die Hörner abzusägen, oder der Bacchant musste sie sich abstoßen, indem er mit dem Kopf gegen eine Tür rannte. Die Hörner, darin den Eselsohren ähnlich, sollten jene tierhaft dumme Stufe des Daseins symbolisieren, der ein Schüler der Wissenschaften fürderhin zu entsagen hat, ganz wie es Verse von 1713 bereimen: «Mit dem Bacchantengeist / Solls jetzund seyn schabab (zu Ende; eigentlich: Abfall, Abschabsel), / Deßwegen schläget man / Die stolzen Hörner ab.»

Auf, unter und gegen den Strich Wenn zwei das Gleiche tun, ist es nicht dasselbe, schon gar nicht, wenn es sich um Mensch und Tier handelt und beide auf den Strich gehen, und sei es der «Schnepfenstrich».

Bei den wirklichen Schnepfen sind es die Männchen, die auf den Strich gehen. Abends nämlich durchstreifen sie auf ihrem Balzflug den Wald. Der Weg, den sie dabei nehmen, heißt in der Jägersprache «Strich», und wer sie jagen will, muss «auf dem Schnepfenstrich sein», wie es in Turgenjews Geschichte «Jermolaj und die Müllerin» (aus den «Aufzeichnungen eines Jägers») heißt.

Anders ist es im menschlichen Leben: Dort sind es in der Regel Frauen, die auf den Strich gehen. Doch wenn zwei Wörter gleich lauten, sind es noch lange nicht dieselben. Der Strich im Dschungel der Großstadt verdankt seinen Namen nicht einer Analogie mit Vögeln, so verführerisch das auch wäre, und hat auch nichts mit dem Hin- und-Hergehen, dem «Umherstreichen» der Prostituierten zu tun. Er kommt nicht aus der Jägersprache, sondern aus dem Rotwelsch: Dort war der «Strich» die Grenzlinie, die einen Herrschaftsbereich markierte, und wurde schließlich zur Bezeichnung dieses Bezirks selbst – jenes Gebiets also, in dem die Dirnen ihr Gewerbe betreiben und keine Außenseiterinnen dulden.

Später wurde der Strich dann auch zum Schnepfenstrich – und abermals täuscht das Wort, denn wiederum liegt kein spaßeshalber erdachter Vergleich mit dem Abendflug des Vogels vor. Die Schnepfe hier ist vielmehr eine «Schneppe»: Die kommt von «schnappen» und bezeichnet eigentlich den Schnabel, die Schnauze oder die Tülle und wurde als Umschreibung der Vulva schließlich zum Übernamen der Prostituierten. Vom selben Kaliber ist übrigens die «Schnalle», die in den 1980er Jahren den allgemeinen Wortschatz bereicherte und beispielsweise die aufgebrezelten Frauen der Fernsehserie «Dallas» charakterisierte. Die «Schnalle» kommt letzten Endes von «schnell», wurde, weil diese Eigenschaft auch ein flinkes Mundwerk charakterisiert, schon im Mittelalter zum verächtlichen Ausdruck für die Gosche, das Maul, und die Jäger übertrugen das auf das Geschlechtsteil der Hündin und der Füchsin.

Bei den Schnepfen des Tierreichs ist es eine normale Sache, auf den Strich zu gehen. Wenn das aber menschliche «Schnepfen» oder «Bordsteinschwalben» tun, geht das manchen Leuten gegen den Strich. Ihnen ist das gewissermaßen so zuwider, wie es der Katze unangenehm ist, wenn ihre Fellhaare gegen den Strich gebürstet werden. Auch hier bezeichnet der «Strich» also einen Weg bzw. die Richtung, in der nämlich die Haare im Fell liegen bzw. gewachsen sind. Doch hat es auch seinen Sinn, etwas absichtlich gegen den Strich zu bürsten: Denn gerade dadurch kann man Schmutz und Fremdkörper aus dem Fell herausbürsten bzw. eine Sache ganz anders als gewohnt und endlich einmal richtig darstellen.

Zustände und Verhaltensweisen können einem gegen den Strich gehen, und Personen, die sie repräsentieren, möchte man nach Strich und Faden fertigmachen. Diese Wendung kommt aus der Weberei – und aus der Artillerie. In der Webersprache bezeichnet der Strich die Webart und der Faden den Stoff – beides die wesentlichen Kriterien für die Qualität eines Gewebes. Außerdem gelten Strich und Faden als andere Ausdrücke für «Kette» und «Einschlag» und bezeichnen die sich rechtwinklig kreuzenden Fadensysteme beim Webstuhl. In der Artillerie wiederum ist die Horizontale des Fadenkreuzes der «Faden» und die bewegliche Senkrechte der «Strich». Wer am Computer U-Boot-Kommandant spielt, kennt dieses Zielgerät. Liegen Strich und Faden genau über dem feindlichen Zielobjekt, so kann man es abschießen, also fertigmachen.

Aber vielleicht kann man rechtzeitig vorher einen Schlussstrich unter die Querelen ziehen und das Kriegsbeil begraben. Hauptsache, unter dem Strich sind alle zufrieden, wenn nämlich nach Aufrechnen der Vor- und Nachteile ein für alle Beteiligten befriedigendes Resultat herauskommt.

Und damit sei auch unter diesen Artikel ein dicker Strich gezogen.

Vom Herz zum Herzelhaus Das Herz ist der Motor des Lebens, gilt in vielen Kulturen als Zentrum der Lebenskraft und wurde schon in der Antike als Sitz der unmittelbaren, impulsiven Gefühle verortet. In der Tat spricht das Herz die spontane Sprache der Empfindungen: Es hüpft vor Freude und wird schwer vor Kummer, schlägt vor Aufregung bis zum Hals und bleibt vor Schreck stehen.

Das Herz kann sich nicht verstellen, weshalb es auch als Ort des Gewissens gilt. «Hand aufs Herz» heißt es, wenn man die Wahrheit sagen soll: Früher legte man beim Eid oder einer feierlichen Erklärung die Hand auf die linke Brustseite; eine Geste, deren man sich heute noch im Alltag bedient, um seine Ehrlichkeit hervorzukehren – und sei's mit ironischem Schmunzeln. Der Skeptiker Georg Christoph Lichtenberg notierte: «Man muss keinem Menschen trauen, der bei seinen Versicherungen die Hand auf das Herz legt.»

Indes mag auch das Schmunzeln von Herzen kommen, denn die Sprache des Herzens muss nicht bierernst sein. Ja, die Sprache des Herzens muss nicht einmal gut sein. Und wie das gute muss auch das böse Herz sich Luft machen oder sich ausschütten – so etwa lautet der ursprüngliche Sinn des berühmten Bibelworts: «Wes das Herz voll ist, des geht der Mund über» (Matth. 12,34). Im Satz zuvor fragt Jesus nämlich: «Ihr Otterngezüchte, wie könnt ihr Gutes reden, die ihr böse seid?» – eine rein rhetorische Frage. Die Sprache des Herzens, an ihren Worten könnt ihr sie erkennen.

Was man besonders gern hat, tut man mit Herzenslust, was einem äußerst wichtig ist, ist ein Herzensanliegen, was man unbedingt braucht, ein Herzensbedürfnis. Das Herz bezeichnet das Beste und Liebste – wie das «Herzblatt», eigentlich das innere, zarte Blatt eines Gemüsesetzlings. Wie der Mensch ins Innere einer Pflanze, so schaut Gott ins Innere des Menschen. «Siehe nicht an seine Gestalt noch seine große Person», lehrt der Herr, «denn es geht nicht, wie ein Mensch sieht: ein Mensch sieht, was vor Augen ist; der Herr aber sieht das Herz an» (1 Samuel 16,7).

Ins Herz sehen kann der Mensch einem anderen nur, wenn er Arzt ist, wohl aber mag er einen anderen ins Herz schließen: «Du bist min, / ich bin din, / des solt du gewis sin. / Du bist beslossen / in minem herzen: / verloren ist das slüsselin: / du muost immer drine sin», dichtete man im Mittelalter. Haben die Herzen zueinandergefunden, so bilden Mann und Frau eine unzertrennliche Einheit von Empfindung und Geist ähnlich wie die ideale christliche Gemeinde: «Die Menge der Gläubigen aber war ein Herz und eine Seele», heißt es in der Apostelgeschichte 4,32. Der Titel der satirischen Familien-Fernsehserie aus den siebziger Jahren mit Heinz Schubert als «Ekel Alfred» Tetzlaff in der Hauptrolle, «Ein Herz und eine Seele», zitiert ironisch diese Bibelstelle.

Liebe braucht Mut, sonst kann man einem anderen nicht sein Herz öffnen. So ist das Herz auch der Sitz der Entschlusskraft, weshalb man sich ein Herz fasst, beherzt handelt und herzhaft zugreift. Und wenn einem etwas nicht passt, soll man es mutig offen sagen, statt seine Gedanken und Gefühle zu verstecken und aus seinem Herzen eine Mördergrube zu machen. Das geht zurück auf Luthers Übersetzung von Matth. 21,13: «Mein Haus soll ein Bethaus heißen; ihr aber habt eine Mördergrube daraus gemacht.» Die Mördergrube kam im 15.Jahrhundert als Verdeutschung der lateinischen «spelunca latronum» auf. Heute würde man «Räuberhöhle» sagen.

Dort mag einem das Herz in die Hose rutschen. Das Ergebnis lässt sich im Herzelhaus entsorgen.

Durch die Blume   Rote Rosen symbolisieren Liebe – das weiß jeder. Dass Maiglöckchen für Tugend stehen und Lilien für Unschuld und Reinheit, wissen noch manche. Beim Vergissmeinnicht und beim Immergrün geben immerhin die Namen die Bedeutung an. Viel mehr aber ist von der jahrtausendealten Blumensprache nicht geblieben.

Vom Rokoko bis zum Biedermeier war sie auch hierzulande beliebt. In ihr ließen sich gerade in Liebesdingen Gedanken und Gefühle sagen, die man schwer über die Lippen bringt. Stattdessen sprach man durch die Blume und gab etwas verblümt zu verstehen. Ein Feigenblatt zum Beispiel bedeutete: «Du gefällst mir, holdes Mädchen.» Sie konnte mit Koriander antworten: «Deine Nähe ist mir sehr angenehm.» Erdreistete er sich mit einer Quittenfrucht: «Ich wünsche eine zahlreiche Nachkommenschaft», so retournierte sie ein Farnkraut: «Hübsch langsam.» Dann konnte er noch eine rote Rübe überreichen: «Grausame, deine Sprödigkeit tötet mich.»

Die Blumensprache, die seit dem Mittelalter im Abendland verbreitet ist, stammt aus Asien. Die Araber nannten sie «Salam» (Gruß), und die Türken entwickelten sie zur Meisterschaft. Nicht nur Blumen, auch Kräuter und Früchte, sogar Alltagsgegenstände gehörten zu den Ausdrucksmitteln. Den hohen Stand der türkischen Blumen- oder eigentlich Naturaliensprache veranschaulicht ein Beispiel, das Christoph Martin Wieland 1796 im Glossarium zu seinem Versepos «Oberon» zitierte: Da wollen «eine Weinbeere, ein Strohhalm, eine Jonquille, ein seidener Faden, Papierschnitzel, ein Schwefelhölzchen, eine Pistazie, eine verwelkte Tulpe und ein Stückchen Goldfaden, in einem Beutel der Geliebten überschickt, ihr ungefähr so viel sagen, als: ‹Holdes Mädchen, erlaube dass ich dein Sklave sei und lass dir meine Liebe gefallen. Ich brenne vor Sehnsucht nach dir, und diese Flamme verzehrt mein Herz. – Meine Sinne verwirren sich. Ach möchten wir doch zusammen auf Einem Bette ruhen! Ich sterbe wenn Du mir nicht bald zu Hülfe kommst.›»

In der türkischen Blumensprache waren die Bedeutungen festgelegt. Anders bei uns. Missverständnisse waren deshalb nie auszuschließen. So ist die Rose nicht nur ein Symbol der Liebe, sondern auch der Verschwiegenheit, der Geheimhaltung – übrigens schon bei den Römern: Mit einer Rose bedeutete der Gastgeber seinen Gästen, dass die Unterhaltung vertraulich zu behandeln sei. Auch die Farbe war bedeutsam: Wehe, wenn man nicht ganz firm war und ein rotes Rosenblatt («Ja!») mit einem weißen verwechselte: «Nein!»

In der Blumensprache hat der Mann die Initiative, während die Frau reagieren darf. Das klingt altmodisch, ist aber bis heute so: Der Mann verehrt der Frau Blumen, nicht umgekehrt; sie schenkt allenfalls einen Strauß Feldblumen oder bringt Blumen beim Krankenbesuch mit. Anderswo kann es anders sein! In seinem 2001 auf Deutsch erschienenen Buch «Manwatching. Reisen zur Erforschung der Spezies Mensch» berichtete Desmond Morris über die Blumensprache der Polynesier und zitierte eine Frau: «Ein Mädchen, das noch frei ist, trägt die Blume auf der rechten Seite des Kopfes. Ist sie vergeben, trägt sie die Blume auf der linken Seite. Und wenn man die Blume hinter dem Kopf hält und damit winkt, heißt das: ‹Komm mit.›»

In Deutschland blühte der Brauch, es durch die Blume zu sagen, im 18. Jahrhundert auf, als ein neues Naturgefühl Männlein und Weiblein beseelte, und blieb bis ins Biedermeier beliebt. Nach 1848 geriet die Blumensprache allmählich in Vergessenheit – wohl nicht zufällig, denn im Grunde bedarf man ihrer nur in einer Gesellschaft, in der man nicht frei sprechen kann. Die Blumensprache selbst ist eben auch ein Symbol, eines für galante Unfreiheit. Oder wie es der Drachenkopf ausdrückt: «Sei Herr Deiner Zunge, denn Du könntest Dir sonst Ungelegenheiten machen.»

Ganz Auge Der Mensch ist ganz Auge: Es ist sein wichtigstes Sinnesorgan. Das Augenlicht (in antiker Vorstellung eine kalte Flamme im Augapfel, die das Betrachtete beleuchtet) liefert ihm 80% aller Informationen. Und weil der Mensch Gott nach seinem Ebenbild erschuf, ist auch Gott, der alles sieht, ganz Auge und wird als Auge in einem gleichseitigen Dreieck (das die heilige Dreifaltigkeit und die drei Dimensionen des Raumes symbolisiert) dargestellt.

In säkularisierter Vorstellung verkörpert das göttliche Auge die irdische Justiz. «Denn das Auge des Gesetzes wacht», tönt es in Schillers «Lied von der Glocke». Schon 1400 Jahre früher schrieb der römische Historiker Ammianus Marcellinus vom «Auge der strafenden Gerechtigkeit», das zuvor bereits der griechische Tragiker Sophokles kannte. Eventuell drückt die strafende Justiz aber auch ein Auge zu und sieht entsprechend weniger – gemäß dem altdeutschen Brauch, wonach der Richter einen einäugigen Büttel auf einem einäugigen Pferd schickte, um dem Vorgeladenen anzudeuten, dass er womöglich Milde walten lasse.

Natürlich gibt es im Reich der übertragenen, bildhaften Ausdrücke noch weit profanere Augen als das des Gesetzes. «Da schauen ja mehr Augen in die Suppe hinein als heraus», sagt man zu einer dünnen Suppe, auf der keine Fettaugen schwimmen. Das menschliche Hühnerauge aus Horn ähnelt als runde Erhebung einem echten.

Auch das Bullauge hat seinen Namen von der Form: Es ist eine runde, gleich einem Auge gewölbte Scheibe.

Und das Holzauge? Nichts Genaues weiß man nicht. Aufgekommen ist es bei den Piloten im Zweiten Weltkrieg. «Kamerad Holzauge» nannten sie ein Aufklärungsflugzeug, das «Holzauge machen», nämlich die tiefer fliegenden Maschinen bewachen musste: Das «Holzauge» war also die saloppe Bezeichnung für den Begleitschutz. Vielleicht benannte man ihn so nach dem Astloch im Bretterzaun, das den Durchblick ermöglicht. Oder vielleicht hieß schon früher das Glasauge so in Analogie zum Holzbein. Und ein Mensch mit einem solchen Auge muss ja, mit Heinz Erhardt zu kalauern, sechzehn geben, nämlich doppelt acht, damit ihm nichts passiert.

Heute ist der Spruch «Holzauge, sei wachsam!» manchmal mit einer Geste verbunden: Man zieht das Unterlid herunter und visiert sein Gegenüber, um ihm klarzumachen: «Ich habe keinen Sand im Auge, ich sehe alles!» Weit weniger, als die deutschen Zuschauer glauben, sah Humphrey Bogart alias Rick, als er in «Casablanca» zu Ingrid Bergman alias Ilsa sagte: «Ich schau dir in die Augen, Kleines!» Das sagt er nämlich nur in der deutschen Synchronfassung. Im amerikanischen Original sagt er: «Here's looking at you, kid», was so viel heißt wie: «Hoch die Tassen, Kleines» oder auch: «Prost, Kleine!»

Diese falsche Verdeutschung ist ein hübscher Lapsus; eine grobe Verfälschung widerfuhr allerdings dem gesamten Film, als er erstmals in die deutschen Kinos kam. Der deutsche Major Strasser wurde komplett herausgeschnitten, und aus dem Widerstandskämpfer Laszlo, der auf der Flucht vor den Nazis ist, machte man einen gehetzten Erfinder ominöser «Delta-Strahlen». Wer das Original kannte, wusste wahrscheinlich nicht, ob er über die deutsche Fassung lachen oder weinen sollte. Vielleicht blieb bei ihm im doppelten Sinn kein Auge trocken: Eigentlich nämlich sollte das bei einer Tragödie sein. Heute versteht man die Redewendung meist ironisch, man lacht Tränen. Noch bei Johann Daniel Falk aber weinte man die Tränen noch. In «Paul. Eine Handreichung» (1779) dichtete er: «In schwarzen Trauerflören wallt / Beim Grabgeläut der Glocken / Zu unserm Kirchhof jung und alt: / Da bleibt kein Auge trocken.»

Doch gleichgültig, ob man sie lacht oder weint, Tränen sind ein notwendiger Schutz für die Augen, um Bakterien abzutöten und Fremdkörper hinauszuspülen. Das Auge sorgt selbst für seine Gesundheit, doch auch sein Besitzer sollte sich an jene Regel halten, die Ernst Heimeran in seiner Sammlung unfreiwilliger Komik «Ernstgemeint. Entgleisungen in Poesie und Prosa» von 1940 festgehalten hat: «Wir müssen unsere Augen schonen, denn sie sind der einzige Körperteil, mit dem wir sehen können.»

Leber und Leben Die Liebe macht das Herz schneller schlagen, bei Trauer aber wird einem das Herz schwer. Das Herz als Sitz der Gefühle anzusehen scheint deshalb ganz natürlich.

Doch nicht das Herz, sondern die Leber galt im Altertum und im Mittelalter als Sitz des Gemütslebens und der Lebenssäfte. Womöglich hängt die «Leber» buchstäblich mit dem «Leben» zusammen. Vielleicht geht ihr Name aber nur auf den Vorfahren des Verbs «bleiben» zurück, das germanische «liban», das unserem «leben» bemerkenswert ähnelt, aber «haften, kleben, klebrig sein» bedeutete, so dass die Leber also ganz prosaisch «die Klebrige, Schmierige, Fette» wäre.

Von der Prosa zur Poesie: Der Glaube an die Leber als Sitz der Gefühle und vor allem der Liebe war noch im Barock lebendig. Paul Fleming dichtete: «Vergebens ist uns nicht die Leber einverleibet. / Sie, sie ist unser Gott, der uns zum Lieben treibet, / Wer gar nicht lieben kann, der wisse, dass anstatt / Der Leber er faul Holz und einen Bovist hat.» Auch die damals beliebten Lebereime, bei Tisch improvisierte Scherzgedichte, gründen vielleicht noch auf den alten Vorstellungen. Diese Reime bildeten ein Gegenstück zu den Trinksprüchen, sollten ähnlich wie diese das Wohlsein beschwören und wurden vermutlich, wenn es als Hauptgang Leber gab oder wenn ein Gast bei seinem Huhn- oder Fischgericht auf die Leber stieß, improvisiert.

Im 17. Jahrhundert waren sie bei Poeten und im Volk gleichermaßen beliebt. Eine 1658 anonym in Köln erschienene «Newe Liebes Cantzeley» versammelt aus purer Freud auch eine «Zugab kurtzweiliger Tischreimen / wie man die Leber fürlegen unnd artig bereimen könne», beispielsweise so: «Das Leberle ist vom Huhn und nicht vom Pelican / Christus ist zu Cana in Galileam gegan / Allein zu machen auß Wasser wein/Auff daß wir sollen all frölich sein.» Zwei späte Beispiele gibt Theodor Fontane in den «Wanderungen durch die Mark Brandenburg», als er in einem Gasthaus im Spreeland einkehrt und sein Mahl mit dem Vers «Die Leber ist vom Hecht und nicht von einem Störe, / Es lebe Lehrer Klingestein, der Kantor der Kantöre» beginnt und mit «Die Leber ist vom Hecht und nicht von einer Schleie, / Der Fisch will trinken, gebt ihm was, dass er vor Durst nicht schreie» beschließt.

Die Leberreime sind heute fast ausgestorben, doch die Vorstellung, die Leber sei der Sitz des Gemüts und der Empfindungen, liegt noch einigen Redensarten zugrunde. Wer freimütig ist und sagt, was er denkt, spricht frisch (oder frei) von der Leber weg. Wer dagegen verstimmt ist, dem ist eine Laus über die Leber gelaufen. Wobei die Laus das erstens aus Vorliebe für den Stabreim macht (Laus und Leber haben den gleichen Anlaut), zweitens, weil sie winzig ist und damit den nichtigen Anlass der Verstimmung versinnbildlicht, und drittens ist die Laus ekelhaft: Die Leber gilt als empfindliches Organ; läuft die widerliche Laus darüber, so verursacht sie besonderen Widerwillen.

Wer eingeschnappt ist und schmollt, spielt auch leicht die beleidigte (oder gekränkte) Leberwurst. Die Wurst gilt dabei als spöttisches Anhängsel, den Beleidigten und Gekränkten zum Tort. Und doch könnte es sich um eine echte Leberwurst handeln: Auch die Leberwurst soll sehr empfindlich sein und bei Wetterumschwung, besonders bei Gewitter, schnell umschlagen. Nicht nur die Leber, auch die Leberwurst hat scheinbar ein Gemütsleben.

Wein und Bier, das rat ich dir   «Wer nicht liebt Wein, Weib und Gesang, / Der bleibt ein Narr sein Lebenlang. / Sagt Doktor Martin Luther» – so jedenfalls sagte Matthias Claudius es dem Reformator im «Wandsbecker Boten» nach, aber ob Luther das wirklich sagte, ist unbewiesen. Für einen Thüringer liegt eigentlich Bier näher.

Aber Wein gilt als kultivierter und hat eine stolze Geschichte, die bis in die Antike zurückreicht. Die Germanen lernten den Weinbau von den Römern und übernahmen von ihnen auch das Wort, lateinisch: vinum, nebst der zugehörigen Sprache und Gerätschaft: zum Beispiel die Kelter (calcatura), den Most (vinum mustum), die Kufe (cupa), den Küfer (cuparius), den Kelch (calix) und den Winzer selbst (vinitor). Allerdings haben auch die Römer nicht den Weinbau erfunden. In Vorderasien labte man sich schon im sechsten vorchristlichen Jahrtausend an einem weinähnlichen Getränk aus wild wachsenden Reben; rund 2000 Jahre später war der Weinbau im Zweistromland, im Jordantal und im Nildelta verbreitet, gelangte nach Griechenland und verbreitete sich durch griechische Kolonisten bis in den westlichen Mittelmeerraum. Im ersten nachchristlichen Jahrhundert brachten die Römer den Wein nach Südwestdeutschland, das anders als das nicht unterworfene Germanien zum Römischen Reich gehörte.

Bier ist weniger edel, aber dafür das weltweit meistkonsumierte alkoholische Getränk. Sehr alt ist es auch: Schon vor 5000 Jahren tranken die Sumerer in Mesopotamien vergorenen Gerstensaft und richteten eine Lobeshymne an Ninkasi, die Göttin der Braukunst: «Du bist es, die das Bierbrot im großen Ofen bäckt. Du bist es, die das Malz in einem Krug aufquellen lässt; die Wogen steigen, die Wogen fallen. Ninkasi! Du bist es, die das gefilterte Bier aus dem Auffanggefäß holt, es ist wie der Ansturm des Tigris und des Euphrat.»

Anfangs war Bier sicher nur ein Ab- und Zufallsprodukt beim Brotmachen. Als man die Sache mit Absicht herstellte, konzentrierte man sich daher auf die Gerste, um die wichtigeren Sorten wie den Weizen dem Brotbacken vorzubehalten. Nichtsdestoweniger gilt auch Bier als flüssiges Brot, und in Bayern kam es im 19. Jahrhundert sogar zu Bieraufständen, wenn dieses Grundnahrungsmittel zu teuer für die Armen wurde.

Weitaus jünger als das Wort «Wein», dessen Ursprung sich irgendwo am Pontus, einer Landschaft am Schwarzen Meer südlich des Kaukasus, verliert, ist der Name «Bier». Man darf vermuten, dass er mit dem schon zu althochdeutscher Zeit bekannten Verb «briuwan» (brauen) urverwandt ist und vielleicht mit den indoeuropäischen Worten «bher» (quellen, wallen, sieden) und «bh(e)reu» (aufwallen) zu tun hat – in denen wohl auch die Urahnen des englischen «barley» (Gerste) zu finden sind.

Ob diesen Wörtern in grauester Vorzeit irgendeine Berührung mit den Sumerern vorausging, die ihr Bierbrot «bappir» nannten, ist reine Spekulation. Gute Gründe sprechen aber dafür, dass aus der indoeuropäischen Wurzel «bher» auch lateinisch «bibere» hervorging, «trinken»; der volkslateinische «biber» ist der «Trank». Diese Wörter können dank der mittelalterlichen Mönche aufs Deutsche abgefärbt haben. Sie jedenfalls waren es, die um das Jahr 800, vielleicht auch schon 200 Jahre früher erstmals gehopftes Bier brauten; und ihre Sprache war Latein. Ungehopftes Bier hieß anders, das englische «Ale» und das dänische «Øl» bewahren den alten germanischen Namen. Das «Alt»bier hat damit nichts zu tun, sondern meint ein nach der älteren, obergärigen Brauart hergestelltes Bier; die dazu eingesetzten Oberhefen beginnen etwa bei 12 Grad zu gären. Beim neueren, untergärigen Brauverfahren vergärt die Hefe die Maische schon bei fünf Grad.

Wein und Bier entstehen durch Gärung. Ihr Alkoholgehalt bleibt immer unter 20 Volumenprozent. Wer mehr will, muss brennen. Und nicht nur die erste Kunde von Wein und Bier, auch die Kunst der Destillation und das Wort «Alkohol» selbst kommen aus dem Vorderen Orient. «Guhlu» hieß es im Akkadischen und gelangte über die Araber, die «al-kuhl» sagten, nach Spanien, wo es «al-kuhul» und dann «alcohol» lautete. Indes bedeutete das Wort etwas anderes: Es bezeichnete Antimonsalbe oder -pulver, das zum Umranden der Augen, zum Färben der Augenbrauen, Wimpern und Lider diente. Ob nun Antimon, weil es ähnlich giftig ist, Symptome hervorruft, die denen eines Rauschs oder Katzenjammers ähneln, sei dahingestellt. In der mittelalterlichen Alchimie jedenfalls bezeichnete das Wort nicht mehr nur Antimonsalze, sondern jedes feine, trockene Pulver. Paracelsus war es dann, der den Begriff auf den allerfeinsten, flüchtigen Bestandteil des Weines bezog, den Weingeist, der bis dato von den Alchimisten «Spiritus» genannt wurde.

«Spiritus», was eigentlich «Hauch, Atem» bedeutet, ist eine hübsche Umschreibung. Überhaupt tragen viele Spirituosen euphemistische Namen. Das beginnt schon beim deutschen Sammelwort Schnaps, der mit «schnappen» zu tun hat und einen «Schluck» meint. Einen solchen gestattet das Schnapsglas, in dem der traditionelle Korn serviert wird, der, mit dem sächlichen Artikel «das» versehen, eigentlich das Getreide meint, genauer gesagt, das Hauptgetreide einer Region: in Deutschland meist Weizen oder Roggen. Wodka heißt eigentlich «Wässerchen», Whisky stammt vom gälischen «uisge beatha» und bedeutet «Lebenswasser», lateinisch: Aquavit (der aber ist ein Kräuterbranntwein). Nichts weiter als eine Flüssigkeit, lateinisch: «liquor», ist scheinbar auch der Likör. Aus dem Orient kommt der Arrak, ausgeschrieben «araq at-tamr» und wörtlich übersetzt «Schweiß der Dattelpalme». Nach ihm heißt der Raki.

Tatsächlich war der Arrak zuerst ein Dattelschnaps. Auch andere Schnäpse heißen nach ihrem wesentlichen Bestandteil wie ebender deutsche Korn oder der englische Gin, der über den niederländischen Genever auf dem lateinischen Wort für Wacholder fußt, «iuniperus». Viele weingeisthaltige Getränke heißen auch nach der Region, wie der Port aus dem portugiesischen Porto, der Sherry aus dem englisch verballhornten spanischen Jerez de la Frontera, der Cognac aus der gleichnamigen westfranzösischen Stadt und der Champagner aus der ostfranzösischen Champagne.

Der Sekt ist eigentlich ein «trockener» Wein, italienisch «vino secco». Merkwürdigerweise nannte man so im 17. Jahrhundert gerade den schweren, süßen Wein – nämlich weil er aus Trockenbeeren gekeltert wurde, die immer einen hohen Zuckergehalt aufweisen. Alkohol ist umgewandelter Zucker, weshalb es nur folgerichtig ist, dass aus Zuckerrohr ein Hochprozentiger gebrannt wird: Rum, der seinen erstmals 1661 auf Jamaika belegten Namen wahrscheinlich dem von zu viel Alkohol ausgelösten Krach und Krawall, dem Rempeln und Rummelmachen, ebendem «Rumbullion» der Sklaven auf den Zuckerrohrplantagen verdankt.

Die Liste ließe sich noch lange fortsetzen. Auch so ist es klar wie Sprit, wie reiner Alkohol: Unzählige Schnäpse, Biere und Weine gibt es. So viele Getränke, so viele Namen. Arme, arme Muselmanen!

Mit Salz und Pfeffer Heute biegen sich die Borde in deutschen Küchen unter der Last unzähliger Gewürze. Noch nicht lange her ist die Zeit, als viele Hausfrauen und Kantinenköche nur mit Salz, Pfeffer und Kümmel würzten. Der Kümmel war ein viel häufigeres Ingrediens als heute, und von Rechts wegen müsste es Kümmeldeutscher heißen, nicht Kümmeltürke. Indes kommt der Kümmeltürke auch nicht vom Bosporus, sondern aus dem Umland von Halle: Dort lag im 18. Jahrhundert die wegen ihres reichen Kümmelanbaus scherzhaft so genannte Kümmeltürkei, und die Hallenser Studenten frotzelten deren Bewohner – der Mensch ist, was er isst –: «Kümmeltürke».

Auf Kümmel kann man verzichten, auf Salz nicht. Weil es lebenswichtig ist, erhöhten viele Völker es zum Symbol der Lebenskraft; nicht zufällig ähneln sich die lateinischen Worte für Salz, «sal», und Gesundheit, «salus». In manchen Kulturen war das Salz heilig. So wichtig wie das Salz in der Suppe und für das körperliche Wohlergehen überhaupt ist, so wichtig ist das Wort Gottes für das seelische Heil: «Ihr seid das Salz der Erde», lobt Jesus in der Bergpredigt (Matth. 5,13) seine Jünger.

Stätten, an denen es Salzvorkommen gab, waren von besonderer Bedeutung, und Städte wie Salzburg, Salzgitter und Selters verdanken ihnen ihre Entstehung. Das Gleiche gilt für Orte wie Halle und Bad Reichenhall, auch wenn man es ihrem Namen nicht mehr ansieht: «Hal» bezeichnete im mittelalterlichen Deutsch die Salzquelle, das Salzwerk, und ist altes keltisches Spracherbe, das sich in Ortsnamen wie «Hallstatt» und eben «Bad Reichenhall» erhalten hat: «Hal» ist keltisch «Salz».

Auch Rom war eine Salzstadt, die das wertvolle Mineral an der Tibermündung bei Ostia gewann, und bezahlte seine Beamten und Soldaten mit einem Salzgeld, einem «Salär». Die Römer opferten ihren Göttern Salz und Getreide und teilten mit ihren Gästen Brot und Salz. Das lateinische Wort für Salz steckt in vielen Worten. Die Salami ist eine feste, stark gewürzte, mit Salz haltbar gemachte Dauerwurst und nicht ungarischen, sondern italienischen Ursprungs. Ebenfalls aus Italien kommt der Salat, die eingesalzene, gewürzte Speise; italienisch «insalare» heißt einsalzen. Sogar die Soße ist eigentlich nur eine «gesalzene» Brühe und leitet sich über die französische «Sauce» vom lateinischen «salsus», gesalzen, her.

Salz und Kümmel kann man in den gemäßigten Breiten gewinnen bzw. ernten, den Pfeffer aber, der die Frucht eines in Ostasien wachsenden Gewürzstrauches ist, nicht. Wer ihn sucht, muss dahin, wo der Pfeffer wächst, nach Indien, das einst in schier unerreichbarer Ferne lag. Selbst Kolumbus fand den Weg dorthin nicht – sondern nur Amerika.

Noch heute ist der Pfeffer, der seinen Namen dem Sanskritwort «pippali» für «Beere» verdankt, das wichtigste Welthandelsgewürz; schon im Mittelalter, als der Pfeffer zum Begriff für Gewürz schlechthin wurde (der Pfefferkuchen, der stark gewürzte, aber keineswegs gepfefferte Honigkuchen, zeugt noch davon), verdiente man mit ihm ein Vermögen. Jedenfalls taten das, als der Pfefferhandel noch von Venedig und Genua her über die Alpen abgewickelt wurde, die Pfeffersäcke in Nürnberg, dann die in Hamburg, als der Seehandel wichtiger wurde. Bereits im Altertum war der Wert dieses Gewürzes unermesslich: Gotenkönig Alarich, der 410 n. Chr. Rom belagerte, forderte 3000 Pfund Pfeffer, damit er die Bevölkerung schone.

Da lag dann der Hase im Pfeffer. Das leitet sich vom Hasenpfeffer gab, einem Gericht aus Hasenfleisch in einer scharf gewürzten Tunke. Sowenig der Hase wieder lebendig zu machen war, so wenig lässt sich ein Unglück ändern, wenn es schon geschehen ist; der Ärmste sitzt ein für alle Mal in der Patsche. Man weiß nun zwar die Ursache der Schwierigkeit, aber, so der ursprüngliche Sinn der Redensart, es ist zu spät – genau wie mit der Suppe, die man sich eingebrockt hat und nun selber auslöffeln muss.

Fallobst vom Baum der Erkenntnis Wohl keine andere Frucht hat den Gang der Geschichte und der Wissenschaft beeinflusst wie der Apfel. Die Vertreibung der Menschheit aus dem Paradies, der Fall Trojas, Wilhelm Tells Schuss, der das Signal zur Befreiung der Schweiz gab, Newtons Erkenntnis von den Gesetzen der Gravitation: Immer gab ein Apfel den Anstoß.

Vermutlich handelt es sich bei diesen Legenden um dasselbe wie bei der Sache mit Schneewittchen: um Märchen. Als gut erfunden darf schon die griechische Geschichte von Paris gelten, der Helena raubte, nach Troja floh und damit dessen Zerstörung durch die Griechen heraufbeschwor. Eine Sage ist aber mit Sicherheit die Vorgeschichte zu dieser Vorgeschichte des Trojanischen Krieges: Danach habe Eris, die griechische Göttin der Zwietracht, einen goldenen Apfel mit der Aufschrift «Der Schönsten» gestiftet. Es kam zum Streit zwischen Hera, der Gattin des Zeus und Schutzgöttin der Ehe, Athene, der Göttin der Weisheit und Vernunft, und Aphrodite, der Göttin der Schönheit und der Liebe. Zeus ernannte Paris, weil er der schönste Mann sei, zum Schiedsrichter. Hera versprach ihm Herrschaft und unermessliche Reichtümer, Athene verhieß ihm Weisheit und Kriegsglück – aber Paris sprach den seither berühmten Zankapfel Aphrodite zu, weil sie ihm die Liebe der schönen Helena versprach. Mit diesem «Urteil des Paris», das Homer im 24. Gesang der «Illias» erwähnt, nahm das Verhängnis seinen Lauf.

Bei den Griechen symbolisierte der Apfel die Liebe. Bei den Germanen und Slawen scheint es genauso gewesen zu sein, wie mancher volkstümliche Liebeszauber der Vergangenheit zeigt. Die Sorben zum Beispiel glaubten an die aphrodisische Wirkung eines Apfels, den man einige Zeit unter der Achsel oder auf den Genitalien trägt.

In der Bibel steht der Apfel, so will es die christliche Tradition, für den Sündenfall. Nur spricht die Bibel gar nicht von einem Apfelbaum, sondern vom «Baum der Erkenntnis». Offenbar wurde der Apfel erst später hineininterpretiert, um die abstrakten Früchte der Erkenntnis zu veranschaulichen, zumal er als Liebesobst im lustfeindlichen Christentum hinlänglich vorbelastet war. Zudem hatte der Apfel das Pech, auf Lateinisch «malum» zu heißen – das aber kann auch «schlecht, böse» bzw. «Unheil, Fehler, Gebrechen» bedeuten: ein Zufall, der die Kirchenleute gewiss göttlich bzw. teuflisch dünkte.

Und doch ist der Apfel die Frucht der Erkenntnis: wenigstens bei Isaac Newton. Als er 1666 im Garten seines Elternhauses über die Schwerkraft grübelte, sei ein Apfel zu Boden geschlagen oder sogar ihm auf den Kopf gefallen – und habe ihm blitzartig die Gravitationsgesetze klargemacht. Indes dürfte es sich, ähnlich wie bei der biblischen Erzählung, bei der Sache mit dem Fallobst nur um eine gut erfundene Geschichte handeln. Newton selbst verbreitete sie erst 1687: Damals hatte er seine die Schulphysik und unser Denken bis heute prägende Theorie über Gravitation, Raum und Zeit ausformuliert und setzte alles daran, sich das Erstgeburtsrecht an ihr zu sichern – für alle Fälle rückwirkend, denn andere Forscher arbeiteten an den gleichen Fragen wie er. Auch der Physiker Robert Hooke war weit vorgedrungen und beschuldigte Newton, als dieser 1686 den ersten Teil seines Werks publizierte, des Plagiats. Ein Jahr darauf hatte Newton auf diesen Vorwurf die Antwort parat.

Stets einen faulen Apfel aber soll Schiller in der Schublade parat gehabt haben, um daran zu schnuppern, sobald der Schreibfluss ins Stocken geriet. Doch auch das ist wohl weniger dem Reich der klassischen Tatsachen als der Nachwelt phantasievoller Interpreten zuzurechnen. Nach Goethes Zeugnis trank Schiller bei Müdigkeit starken schwarzen Kaffee, und wenn auch der nicht half, legte er seinen Kopf auf den Arm und schlief am Schreibtisch. So soll er binnen sechs Wochen, ohne seinen Arbeitsplatz zu verlassen, den «Wilhelm Tell» geschrieben haben.

Der Apfel steht für Liebe, Erkenntnis – und Macht: symbolisiert er doch auch den Erdkreis. Der Reichsapfel des deutschen Kaisers, den er in der Linken halten durfte, versinnbildlichte seine Weltherrschaft, die er, wenn auch nur auf dem Papier, als höchster Herrscher der Christenheit ausübte. Der Apfel, den, im dritten Aufzug von Schillers Schauspiel, Wilhelm Tell seinem Sohn vom Kopf schießt, ist denn auch genau jenes Omen, das der Obrigkeit das Ende ihrer Macht ankündigt.

Damals, im Jahr 1291, verloren die Habsburger lediglich die Herrschaft über die Kantone Uri, Schwyz und Unterwalden, die die erklecklichen Einnahmen aus den Handelswegen über die Alpen nicht mehr an die Adelsherren abführen wollten. 1806 aber war es dann im großen Maßstab so weit: Der Kaiser musste in den sauren Apfel beißen und die Auflösung des Heiligen Römischen Reiches Deutscher Nation hinnehmen. Das fast 1000 Jahre alte Kaisertum war von Napoleon im ursprünglichen Wortsinn veräppelt worden:

Dieses Verb hat nämlich mit dem Apfel wenig, dafür mehr mit dem jiddischen «eppel» zu tun, das «nichts» und «zunichtemachen» bedeutet. Wer heutzutage veräppelt, also zum Besten gehalten und verulkt wird, dem widerfährt im schlimmsten Fall Ähnliches – denn Lächerlichkeit tötet.

Das göttliche Feuer Die Zähmung des Feuers war ein großer Sprung auf dem Weg der Menschheit zur Naturbeherrschung: Die blinde Macht der verzehrenden Flammen wurde in den Dienst der Kultur gestellt – und in den Dienst der Religion. Dem Feuer kam im Glauben der altpersischen Zarathustra-Anhänger, die man auch «Feueranbeter» nannte, eine zentrale Rolle zu, was die Juden zur ewigen Lampe inspirierte und im katholischen Gotteshaus fortlebt als ewiges Licht, das Christi Gegenwart anzeigt. Auch der griechische Mythos von Prometheus, der dem Göttervater Zeus das Feuer raubt und es den Menschen gibt, lässt ahnen, dass die Menschen sich der fundamentalen Bedeutung des Feuers gut bewusst waren; und noch die Feuertaufe, die im 19. Jahrhundert das erste Gefecht eines Soldaten bezeichnete und heute nurmehr die erste ernsthafte Bewährungsprobe meint, ist religiösen Ursprungs. Im Matthäusevangelium nämlich kündigt Johannes der Täufer seinen Nachfolger Jesus mit den Worten an: «Ich taufe euch mit Wasser zur Buße; der aber nach mir kommt, ist stärker als ich, und ich bin nicht genug, ihm die Schuhe abzunehmen; der wird euch mit dem Heiligen Geist und mit Feuer taufen.» (Matth. 3,12)

Eine Spur vom göttlichen Feuer erhielt sich in den Gottesurteilen, bei denen man ein heißes Eisen anfassen und eine Strecke weit tragen oder für eine Weile seine Hand ins Feuer legen musste: Der Grad der Verbrennungen bestimmte Schuld oder Unschuld des von Gott Gerichteten.

Die Kastanien aus dem Feuer holen oder glühende Kohlen auf ein Haupt sammeln, das waren freilich keine solchen Feuerproben. Die erste Redensart ist seit dem 16. Jahrhundert bekannt; populär machte sie Jean de La Fontaines Fabel «Der Affe und die Katze»: Der Affe Bertrand bewegt die Katze Raton, geröstete Kastanien aus dem Feuer zu holen, die er sofort verspeist, bis eine Magd kommt und die Tiere vertreibt.

Wer feurige Kohlen auf jemandes Haupt häuft, beschämt ihn durch Großmut und macht, dass er innerlich nicht mehr zur Ruhe kommt. So ist Salomos Spruch 25,21 f. gemeint: «Hungert deinen Feind, so speise ihn mit Brot; dürstet ihn, so tränke ihn mit Wasser. Denn du wirst feurige Kohlen auf sein Haupt häufen, und der Herr wird dir's vergelten.»

Im germanischen Mythos macht am Ende der Zeit ein Weltbrand Tabula rasa und räumt den Tisch für eine neue Erde ab. Das Feuer vernichtet das Alte und schafft Platz für das Neue: So steht es für den Kreislauf des Lebens, für Werden und Vergehen. Die Sage vom Phönix handelt davon: Dieser der Sonne eng verbundene Wundervogel verlässt seine paradiesische Heimat im Osten und sucht die Welt auf. Er baut sich auf einer Palme ein Nest und erwartet den Tod. Dieser tritt ein, wenn die Sonnenstrahlen ihn entzünden. Doch aus seiner Asche entsteht ein Wurm, der sich in ein Ei verwandelt, aus dem der junge Phönix entschlüpft.

Erfunden haben die Sage die Ägypter. Ihnen verkörperte der Phönix den Sonnengott oder den Osiris, den Gott der Vegetation. Griechen und Römer erblickten in ihm das Prinzip des durch den Tod sich erneuernden Lebens; die frühen Christen verstanden ihn als Sinnbild Christi, der Opfertod und Auferstehung symbolisiert.

Wo Rauch ist, ist auch Feuer, und wo Feuer war, bleibt Asche zurück. Die Asche ist der tote Rest: Friede seiner Asche! Sie steht für Vergänglichkeit, Reue und Buße, weshalb der katholische Pfarrer am Aschermittwoch den ihre Ausschweifungen büßenden Gläubigen ein Aschenkreuz auf die Stirn zeichnet. Die Asche ist das Niederste, was es gibt: «Man hat mich in den Kot getreten, und gleichgerichtet dem Staub und der Asche», klagt Hiob (30,19). In biblischen Zeiten (Esther 4,1 berichtet davon) streute man deshalb, als Zeichen für die Abkehr von weltlicher Pracht, bei Trauer und Schmerz Asche auf sein Haupt und zog schäbige Kleidung aus grobem Tuch an, ging also in «Sack» und Asche.

Weniger ein Zeichen von Reue als eines der Armut war es dagegen, niederste Küchenarbeit verrichten zu müssen und in der Asche zu buddeln bzw. zu «brodeln», d. h. zu wühlen, wie das Aschenbrödel bzw. Aschenputtel. Aber auch das darf die Hoffnung hegen, dereinst wie ein Phönix aus der Asche emporzusteigen.

Das magische Reich der Zahlen Wir sind vernünftige Wesen, aber so viel steht fest: Aller guten Dinge sind drei, und die Dreizehn bringt Unglück. Wir leben in einer rationalen Welt, aber die Magie behauptet ihr Recht, und gegen alle mathematische Wahrscheinlichkeit waltet die sprachliche, wonach manche Zahlen doch öfter vorkommen als andere: Sieben Weltwunder kannte die Antike, sieben auf einen Streich erledigte das tapfere Schneiderlein, und sieben Minuten braucht ein gut gezapftes Pils. Rom wurde auf sieben Hügeln erbaut, und selbst wer von Bauernregeln nichts hält, achtet auf den Siebenschläfertag.

Die «magische Sieben» ist kein bloßer Aberglaube, sondern auch Glaube: Talmud und Koran kennen die Lehre von sieben Himmeln, von denen der siebte der höchste ist, denn in ihm wohnt Gott. Dass es mehrere Himmel gibt, ist dem Christentum nicht fremd, spricht doch der zweite Korintherbrief 12,2 vom «dritten Himmel». Auch die Zwölf kommt geheimnisvoll oft vor: Zwölf Stämme hatte Israel, zwölf Arbeiten musste Herkules verrichten. Roms älteste Verfassung war das Zwölftafelgesetz, und die Schiiten erkennen zwölf Imame als rechtmäßige Nachfolger Mohammeds an.

Die Null ist das Nichts, weshalb die Inder, die diese Ziffer erfanden, sie als leeren Kreis zeichneten, eben als o. Die Eins ist göttlich. Sie symbolisiert das Ur-Eine, das aus sich heraus erst die Vielfalt erschafft. «So wahr als aus der Eins die Zahlenreihe fließt, / So wahr aus einem Keim des Baumes Krone sprießt, / So wahr erkennst du, dass der ist einzig Einer, / Aus welchem alles ist, und gleich ihm ewig keiner», dichtete Friedrich Rückert. Die Zwei ist die Zahl der Gegensätze, von Tag und Nacht, von Mann und Frau, von Yin und Yang.

Den Kern der Zahlenmagie bilden in Europa und Vorderasien die Drei und die Vier; Sieben und Zwölf sind ihre Summe bzw. ihr Vielfaches. In China ist die Fünf heilig: Man unterscheidet fünf Himmelsrichtungen, weil die Mitte dazuzählt, fünf Grundtöne, die die Pentatonik der chinesischen Musik begründen, fünf Grundfarben, Gelb, Grünblau, Rot, Weiß und Schwarz, und fünf Tierarten: schuppige, gefiederte, haarige, gepanzerte und nackte Tiere.

Bei uns ist die Drei besonders heilig: Die Christen beten den dreifaltigen Gott an, die Germanen kannten die Dreiheit der Nornen, die am Schicksal weben, die Hinduisten glauben an die Trinität aus Brahma (dem Weltschöpfer), Schiwa (dem Weltzerstörer) und Wischnu (dem Weltbewahrer), der Buddhismus baut auf Buddha, Dharma (die Lehre) und Sangha (die mönchische Organisation). Drei Weise besuchen das Jesuskind in der Krippe, dreifach beschwört man das Gelingen mit «toi, toi, toi», denn «du musst es dreimal sagen», wie Goethes Mephisto zu Faust sagt. Diese Faszination der Dreizahl hat eine reale Grundlage: Drei Dimensionen hat der Raum; drei Stufen, Vergangenheit, Gegenwart, Zukunft, hat die Zeit; im Dreischritt von These, Antithese, Synthese geht die Dialektik vor.

Die Vier kehrt in unseren vier Himmelsrichtungen und den vier Elementen Feuer, Erde, Wasser, Luft wieder, die nach antiker Lehre die Welt zusammenhalten: «Vier Elemente, / innig gesellt, / bilden das Leben, / bauen die Welt», reimt Friedrich Schiller. Ebenfalls vier Kräfte kennt die moderne Naturwissenschaft, die die Teilchenphysik bestimmen: die Schwerkraft, die schwache Wechselwirkung, die starke Wechselwirkung und die elektromagnetische Kraft. Und vier Säfte, so lehrten antike Ärzte, fließen durch den Menschen und prägen seinen Charakter: Blut (lateinisch «sanguis», daher: Sanguiniker), gelbe Galle (griechisch «cholos», daher: Choleriker), schwarze Galle (griechisch: «melos cholos», daher: Melancholiker) und Schleim (griechisch «phlegma», daher: Phlegmatiker).

Die Drei und die Vier spielen eine Rolle bei der Pyramide, die sich auf einem viereckigen Fundament erhebt und als Seitenansicht ein Dreieck zeigt. Zusammen ergeben beide Ziffern die Sieben. Nimmt man sie mal vier, so kommt man auf die 28 Tage des Mondzyklus, der wiederum so lang ist wie die Periode der Frau – da hatten die Menschen früherer Zeiten reichlich Anlass zu esoterischer Spekulation!

Zurück zur Sieben: Sie und die Zwölf verdanken ihre magische

Qualität nicht nur den Rechnereien mit der Drei und der Vier. Zuvörderst geht ihr Status auf die Naturbeobachtung der Sumerer und Babylonier zurück, von denen die Juden lernten, die ihrerseits Christen und Moslems lehrten. Sieben bewegte Himmelskörper nämlich erspähten die Babylonier am Firmament, Sonne, Mond, Mars, Merkur, Jupiter, Venus und Saturn, und richteten danach die Siebentagewoche ein; in der Bibel ist es dann Gott, der die Welt in sieben Tagen erschaffen darf. Zwölfmal umkreist der Mond die Erde, bis dieselbe Sternenkonstellation am Himmel steht: Deshalb gibt es zwölf Monate, zwölf Tierkreiszeichen und all die anderen Zwölfer. Auch das Zifferblatt der Uhr kennt aus diesem Grund nur zwölf Stunden: «Da schlägt's dreizehn!», mit diesem Ausruf bezeichnet man deshalb etwas ganz Unmögliches, Unerhörtes.

Eben weil sie zu weit geht und die Zwölf überschreitet, wurde die Dreizehn zur Unglückszahl; besonders unheilschwanger ist Freitag, der 13., weil Jesus an einem Freitag gekreuzigt wurde. Just am 13. Tag des 12. Monats im 12. Regierungsjahr des Perserkönigs Xerxes (486–464 v. Chr.) wollte Haman alle Juden ermorden. Da aber Xerxes' Gemahlin Esther dies vereitelte, gilt die Dreizehn mancherorts auch als Glückszahl!

Und damit genug der Zahlenmagie. Ab jetzt wird in sieben Sprachen geschwiegen – nämlich nichts mehr gesagt.

Freitag, der dreizehnte Gott schied streng zwischen Glaube und Aberglaube und gebot dem Volk Israel, «dass nicht unter dir gefunden werde ein Weissager oder ein Zauberer oder Beschwörer. Denn wer solches tut, der ist dem Herrn ein Gräuel» (5 Mose 18,10–12). Wie das Alte Testament berichtet, hatte Gott nicht immer Erfolg bei seinen Leuten. Verwunderlich ist das nicht, denn Glaube und Aberglaube – «aber» bedeutete im mittelalterlichen Deutsch «falsch, verkehrt» – hängen zusammen.

So wurzelt der Glaube an Freitag, den dreizehnten als einen Unglückstag im Christentum. Den Germanen galt der Freitag, weil er Frija, der Göttin der Ehe und Mutterschaft, geweiht war, als günstig zur Heirat. Erst das Christentum verwandelte ihn in einen Trauertag, an dem man der irdischen Lust am Fleisch entsagt, weil Jesus an einem Freitag den Kreuzestod starb. Und weil die Dreizehn die heilige Zwölf um eins überschreitet wie die Teilnehmerzahl am Abendmahl – einer war zu viel, Judas –, ist Freitag, der dreizehnte, besonders unselig.

Aber nicht nur aus der christlichen Tradition, sondern auch aus einer heidnischen Überlieferung heraus mag die Dreizehn zur Unglückszahl geworden sein. Den Kelten, die in halben statt in ganzen Mondumläufen rechneten, galt der dreizehnte Tag ihres fünfzehntägigen Monatskalenders, also der zweite Tag vor Voll- bzw. Neumond, als ungünstiger Tag für Unternehmungen, für Handel und Reise, und sie pflegten ihn möglichst zu Hause zu verbringen.

Als segensreich gilt den Christen dagegen das vierblättrige Kleeblatt wegen seiner alles Böse abwehrenden Kreuzform; und da ein solches Blatt selten ist, bringt es dem Finder etwas, was ebenso rar ist, Glück. Aus Glaubensgründen darf man auch nicht unter einer angelehnten Leiter durchgehen, denn Leiter, Wand und Fußboden bilden ein Dreieck, das den heiligen Raum symbolisiert – genau wie das Dreieck mit einem Auge in der Mitte den dreieinigen Gott versinnbildlicht.

Überhaupt spielt die heilige Drei eine Rolle auch im Aberglauben, z. B. in Gestalt des dreifachen «toi, toi, toi». Es ahmt das Spucken klanglich nach, dem man eine heilende Wirkung zuschrieb; in der Tat wirkt Speichel keimtötend. Das Ausspucken bzw. dessen lautmalende Nachahmung im «toi, toi, toi» ist also keine Beleidigung, sondern ein Abwehrzauber und soll böse Geister vertreiben, die das gute Gelingen sabotieren könnten. Vielleicht spielt auch das jiddische «tow» oder «tojw» hinein, was «gut» bedeutet und die Kurzform von «masel tow» verkörpert – «toi, toi, toi» hieße demnach simpel: «Alles Gute!» Hat man aber doch zu viel gute Worte gemacht und dadurch die Dämonen auf den Plan gerufen, so muss man sein Gerede ungesagt machen, indem man «unberufen!» hinzufügt oder ausdrücklich darauf hinweist, man wolle es «nicht beschreien».

Auf der Hand bzw. auf dem Huf liegt die positive Wirkung beim Hufeisen. Es schützt das Pferd vor dem Wundlaufen und vor Verletzungen: Deshalb soll es, z. B. über der Tür oder am Giebel angebracht, auch dem Menschen Glück bringen und Unheil abwenden.

Neben dem Hufeisen bringen auch Scherben Glück, weil der Lärm die bösen Geister vertreibt – ähnlich dem Klopfen auf Holz. Katzen dagegen zeigen Unglück an. Da die Miezen eigensinnig sind, hielt man sie früher für falsch. Sind sie überdies schwarz wie der Tod und das Böse, so mussten es verwandelte Hexen sein. Kamen sie dann noch von der falschen, der unrechten Seite, von links, so war das Unheil zwangsläufig.

Genau wie der Glaube hatte einst auch der Aberglaube Sinn und Wert: Er war ein Versuch, die Wirklichkeit zu erklären, sich vor den Wechselfällen des Lebens zu schützen und die Zukunft zum Guten zu lenken. Heute, im Zeitalter von Wissenschaft und Technik, scheint all dieser Aberglaube kindlich und harmlos. Allenfalls einige Esoteriker nehmen ihn wirklich ernst, die breite Mehrheit lächelt darüber. Es ist mehr ein Spiel, wenn man ein Amulett trägt, sich ein Maskottchen hält oder an eine Glückszahl glaubt, und selbst wer die Dreizehn für eine Unglücksziffer hält, verzichtet wohl kaum auf sein 13. Monatsgehalt!

Hokuspokus! Der Glaube an das Übernatürliche ist der Kern jeder Religion. Auch Wunder sind ihr daher nicht fremd. Sowohl Moses im Alten Testament wie Jesus im Neuen beweisen durch sie ihre Berufung. Seit dem Ende des Mittelalters aber stößt der Wunderglaube an Grenzen, der ganz diesseitig ausgerichteten Vernunft wurde die Religion sogar zum Hokuspokus, zum Zauberkunststück.

Wenn der katholische Pfarrer in der Messe Brot und Wein in Leib und Blut Christi verwandelt, spricht er das Jesuswort «Dies ist mein Leib», lateinisch: «Hoc est corpus meum.» Die einfachen, des Lateinischen unkundigen Gläubigen aber verstanden nur «Hok es kopus» oder eben «Hokuspokus» – und hatten damit ein Wort gebildet, das nicht mehr zur Transsubstantiation gehörte, der Umwandlung von Brot und Wein zum Fleisch und Blut Jesu in der Eucharistie, sondern schlicht «Taschenspielerei» bedeutete. «Hocus pocus junior the anatomy of leger demain» hieß ein Buch, das 1634 in London erschien und 1667 unter dem Titel «Hocus Pocus iunior oder Taschenspiel-kunst» auch auf Deutsch herauskam.

Statt «Hokuspokus» kann man im entscheidenden Moment des Zaubertricks auch «Simsalabim!» sagen. Das geht nun nicht auf Jesus, sondern auf Mohammed zurück. «Im Namen Gottes, des All-mächtigen und Barmherzigen», mit dieser «Basmala» genannten An-rufung beginnt jede Koransure, auf Arabisch: «Bismilla ar-rahman ar-rahim» – oder, denn Arabisch sprachen (und sprechen) viele Mos-lems so wenig wie die Christen Latein, verkürzt und verballhornt: «Simsalabim!»

Einen religiösen Ursprung glaubte man lange Zeit auch im «Ab-rakadabra» zu finden, doch wahrscheinlich zu Unrecht. Es sollte auf den spätantiken Jahresgott Abraxas zurückgehen, denn der Zahlen-wert der griechischen Buchstaben ergab 365: Alpha 1, Beta 2, Rho 100, Xi 60, Sigma 200. Abwegig ist diese Deutung nicht, denn so rätselhaft ein Abrakadabra ist, so unvorhersehbar verläuft jedes Jahr: Was Abraxas tut, scheint ein rechtes Abrakadabra.

Ein Meister des Abrakadabra muss Abraxas auch sprachlich sein, denn sein Name kann allenfalls die erste Hälfte des Worts erklären. Nicht sehr plausibel scheint auch die Lesart von «Abrakadabra» als (doppelt gemoppelte) hebräische Formel für die Dreifaltigkeit zu sein: Vater heißt hebräisch «aw», abgekürzt a, Sohn ist «ben», kurz b, Geist ist «ruach», also r. Indes ist der Weg zum «Abrakadabra» noch weit, zumal das Hebräische nicht die Sprache des Christentums ist: Jesus sprach Aramäisch, das Neue Testament wurde in der an-tiken Weltsprache Griechisch geschrieben.

Mehr für sich hat jedenfalls eine andere Interpretation, wonach das Abrakadabra ein Abecedarius ist. Man braucht es nur wie frü-her mit c statt mit k zu schreiben: Abracadabra. Zum einen könnte es, dieser Lesart zufolge, ursprünglich ein Merkvers für Abc-Schüt-zen gewesen sein, zum anderen reiht sich ein so verstandenes Abra-kadabra ein in die alte volkstümliche Magie, wonach dem Alphabet heilende Wirkung zukomme und sein Hersagen etwa gegen Schluck-auf und Jähzorn helfe.

Dazu passt endlich, dass schon im dritten Jahrhundert ein Quin-tus Serenus in seinem «liber medicinalis», einer Sammlung von Rezepten in rund 1100 Hexametern, das «Abracadabra» als Beschwörungsformel gegen Zahnschmerzen, Schnupfen, Fieber und andere Leiden kannte. Allerdings soll das Wort diesmal kein Abc-Vers, sondern vielmehr thrakischen Ursprungs sein und «Schaum und Asche» bedeuten, wobei der Schaum für den Schnupfen und die Asche als Verbrennungsprodukt fürs Fieber stehen könnte.

Welche Deutung auch immer letztlich zutrifft: Nicht eigentlich die Religion, wohl aber die Magie hat also beim Abrakadabra stets Pate gestanden. Zauberei ist es freilich auch. Und damit: Hokuspokus verschwindibus!

Die Sterne lügen nicht – wer dann? Ein Rückblick auf die Prophezeiungen der Hellseher – am Beispiel des Jahres 1997

1997 war für die beruflichen Sterndeuter ein besonderes Jahr. Anfang dieses Jahres nämlich wurde in Kolumbien eine Hochschule für Astrologie gegründet. Ihren Sitz hat sie in der westkolumbianischen Stadt Cali, genau in jener Region also, wo damals schon das Drogenkartell dafür sorgte, dass die Leute Sterne sehen. Acht Semester soll das Studium dauern, und eines der Fächer, die dort gelehrt werden, lautet: «Techniken der Vorhersage».

Die Wahrsager hierzulande haben dieses Ereignis freilich nicht vorhergesehen – obwohl sie sich doch ab Spätherbst 1996 zu Wort meldeten, um für 1997 wahrzusagen: Weder «Huters Astrologischer Kalender für das Venusjahr 1997» noch der «Prónay Lorcher 1997», weder «Buchela 1997. Astrologischer Kalender» noch «Die großen Seher. Das Prognose-Jahrbuch für 1997», noch die Hellseher in der «Astrowoche» und in der «AstroVENUS» ahnten etwas.

Sie ahnten noch weit mehr nicht. «Die Sterne lügen nicht, das aber ist / Geschehen wider Sternenlauf und Schicksal», sagt in Schillers Drama der astrologiegläubige Wallenstein, als der von den Sternen ihm vorherbestimmte Freund Octavio Piccolomini sich gegen ihn wendet – und das konnten dann auch die Spökenkieker sagen angesichts dessen, was sie nicht vorhergesehen haben und das 1997 also «wider Sternenlauf und Schicksal» geschehen ist: Die Oderflut im

Juli mit über 100 Todesopfern, der Umsturz im Kongo, der Smog in Südostasien, die Irakkrise, die Erdbeben im Iran und in Italien, der Wahlsieg von Blair in England und von Jospin in Frankreich, die Flugzeugabstürze in Guam (226 Tote), über Sumatra (234 Tote) und auf Irkutsk (47 Tote), das Attentat auf Gianni Versace, der größte Postraub aller Zeiten in Zürich, Dolly, das Klonschaf, Polly, das Schaf mit menschlichem Gen, und vieles mehr. Die Liste lässt sich noch lange fortsetzen.

Die Liste der Treffer ist kürzer. Da ist z. B. Alexander von Prónay. Er prophezeite zwar, dass «Michael Schumacher das Jahr 1997 insgesamt wohl in weniger guter Erinnerung behalten» wird – doch war das mehr auf die Gefahren des Rennsports als auf seine (damals vergeblichen) Weltmeisterambitionen gemünzt. Mag man dies auch durchgehen lassen, inakzeptabel ist Prónays Prophezeiung für «Berlin 1997». Weil «der Stadtaszendent Berlins im Quadrat zu dem Brandenburgs steht», folgerte er: «Im Hinblick auf die Vereinigung der Stadt mit dem Umland kann das nur als wenig günstig gedeutet werden» – und weil diese Vereinigung bekanntlich schon 1996 anstand, folgte geschickterweise der «Hinweis der Redaktion: Alexander von Prónay verfasste diesen Beitrag im März 1996, also bevor die geplante Fusionierung von Berlin und Brandenburg scheiterte.» Unter welchem Aszendenten dieser Beitrag auch verfasst wurde, als Ausweis hellseherischer Fähigkeiten kann er nicht dienen.

Günstiger beurteilen muss man, was Ana Wäsler in der «AstroVENUS» für September voraussagte. Ende Oktober traf es tatsächlich ein: «Die internationalen Börsen werden von Krisen geschüttelt.» Ganz korrekt war zwar auch diese Prognose nicht, zumal Ana Wäsler in der Folge eine weltweite, nicht nur die Börsen und Fernost betreffende Wirtschaftskrise annahm. Das Problem ist typisch: Was zutrifft, lässt sich oft nicht exakt bestimmen, weil viele Prognosen ungenau gefasst sind. Doch egal, wie man rechnet: Angesichts der schier unbegrenzten Fülle richtiger Möglichkeiten ist die Zahl der Treffer verschwindend gering.

Wenn die Wahrsager die Wirklichkeit nicht vorhergesehen haben, was dann? Sie haben zum Teil Abenteuerliches gesehen, allen voran «die großen Seher», Leute also wie Nostradamus, «Katharina aus dem Ötztal», Edgar Cayce oder der «Waldviertler Seher». Ihre Phantasie ist nicht mehr an die Deutung des Gestirnstands über ihnen oder der gelegten Karten vor ihnen gebunden und kann deshalb frei in apokalyptischen Visionen schwelgen. «Japan: Enorme Sturmfluten und Erdbeben; ein großer Teil wird im Meer versinken. Hawaii: Geht durch eine gigantische Flutwelle unter. England: Revolution; Einfall der Irländer. Russland führt von Frankreich aus Krieg gegen Skandinavien, England und Spanien.»

Doch ob Naturkatastrophen ungeheuren Ausmaßes, ob Revolution oder gleich ein «zweijähriger, schauerlicher Weltkrieg», weshalb schon im «Sommer des nächsten Jahres (1997) die Hoffnung auf eine friedliche zweite Hälfte sehr gering ist» – die «Seher» bieten auch Trost und Rat, geben Lebenshilfe und mahnen zur Vorsorge: «Sammeln Sie eine ausreichende Menge Bargeld zu Hause. Denken Sie an eine hilfreiche Fortbildung, etwa eine landwirtschaftliche Grundausbildung, an ein Studium von Selbstversorger-Büchern oder an einen Urlaub auf dem Bauernhof. Besorgen Sie sich Survival-Bücher und besuchen Sie einen Erste-Hilfe-Kurs.»

Von der Zukunft scheinen die Wahrsager also wenig zu verstehen, umso mehr aber – von der Vergangenheit. Hier konnten sich ihre hellseherischen Fähigkeiten voll entfalten: «Der Rückblick in die zurückliegende Zeit hat den Seher immer wieder bestätigt», behauptet die «Astrowoche» vom 27.11.1996 über Nostradamus. Auch «die großen Seher» sahen sich bestätigt: «Eine Überprüfung der Prophezeiungen für 1995 und 1996 ergibt eine erstaunliche ‹Trefferquote›.» Diese «Trefferquote» steht zu Recht in Anführungszeichen. «Zahlreiche Prognosen der großen Seher sind oft genau in dem Zeitraum, für den sie vorhergesagt wurden, auch tatsächlich so eingetroffen!», heißt es zwar, und die Gegenüberstellung von eigenen Prognosen und Meldungen einer «Abendzeitung» sollte das belegen. Nur ein Beispiel: Für den 29.8. bis 1.9.95 hatte man «Wirbelstürme in der Karibik» geweissagt, ein für die Jahreszeit nicht ungewöhnliches Ereignis. Tatsächlich meldet aber die «Abendzeitung» schon am 28.8. ein Unwetter, stattgefunden hat es also spätestens am 27.8., zwei Tage zu früh und mitnichten «genau in dem Zeitraum». Haarspalterei? Das Unwetter, das die «Abendzeitung» meldet, ist ein – «Taifun». Der Ort des Geschehens fehlt auf dem Zeitungsausschnitt – vielleicht, weil es Taifune statt in der Karibik nur im Pazifik gibt. Nicht einmal die rückwärtsgewandte Prophetie beweist also irgendetwas. Und doch nehmen viele Menschen Prophezeiungen ernst. Jeder vierte Deutsche glaubt an Astrologie und kann sich hierbei auf das Vorbild von Elisabeth I. von England, Wallenstein und Napoleon berufen. Offenbar verstehen es viele Wahrsager, ihre Prognosen so zu formulieren, dass sie korrekt wirken. Ein drastisches Beispiel dafür liefert das russische «Channelmedium Swentlana», eine der «großen Seher». Für Ende Mai 1997 prophezeit sie «Frieden auf dem Balkan», Mitte Juni aber heißt es: «Kein Frieden auf dem Balkan» – und eins von beiden muss zutreffen. Dieses «einerseits, aber auch andererseits» ist eine bekannte, aber nie so offen wie hier praktizierte Methode der Astrologie, die schon Hoimar von Ditfurth und Volker Arzt 1978 in ihren «Reportagen aus der Naturwissenschaft» beschrieben: «Jede Aussage wird sofort wieder durch ihr Gegenteil eingeschränkt oder revidiert. Viele professionelle Horoskopersteller arbeiten mit dieser Technik: Sie profitieren davon, dass – mathematisch ausgedrückt – die Aussage ‹a oder nicht a› immer wahr ist.» Schon die griechischen Orakel der Antike verfuhren ähnlich. Ein berühmtes Beispiel ist das des Königs Krösus in Kleinasien. Er fragte das Orakel, ob er einen Krieg gegen den Perserkönig Kyros II. beginnen soll. Das Orakel klang gut: «Wenn du den (Grenzfluss) Halys überschreitest, wirst du ein großes Reich zerstören.» Also überschritt Krösus den Halys – und zerstörte sein eigenes Reich.

Ein anderes Verfahren: Je banaler und allgemeiner die Aussage, desto eher trifft sie zu. So prophezeite José Aken im Buchela-Kalender für die Europäische Union: «1997 werden einige Vorentscheidungen darüber fallen, welche Länder die Kriterien erfüllen können, um der einheitlichen Währung beitreten zu können.» Welche Länder das konkret sind, verschwieg der Autor. Es wäre ja auch Hellseherei. Ähnlich verfuhr Helga Kiesel in der «AstroVENUS». Sie «erpendelte die Prominenten-Prognosen für 1997» und vermeldete für Helmut Kohl: «Auch für 97 bleibt er souverän unser aller Kanzler.»

Ein drittes Verfahren vertraut darauf, dass der Mensch es nicht so genau nimmt. Es stellt auf seine Bereitschaft ab, aus zufälligen Einzelteilen auf das große, ganze Wahre zu schließen: Ein richtiges Detail genügt, schon hält man eine insgesamt falsche Aussage für wahr. Der vorgebliche Hellseher Wilhelm Gubisch hat das vor Jahren vorgemacht. Er holte fremde Leute auf die Bühne und sagte ihnen die Kontonummer und andere persönliche Dinge auf den Kopf zu. Danach bat er sie, nicht sofort anzugeben, wie viele der Aussagen zuträfen, sondern in der Pause darüber nachzudenken und eine Trefferquote anzugeben. Die lag dann bei 80 Prozent. Nach der Pause aber trat Gubisch auf die Bühne und gestand, gar nicht hellsehen zu können und alles, selbst die Kontonummern, erfunden zu haben. Einige seiner Ziffern kamen zwar zufällig in der richtigen Nummer vor, doch die Reihenfolge stimmte nie, geschweige denn die ganze Zahl. Aber den Mitspielern reichte schon ein Detail, um zu glauben, die hellgesehene Nummer stimme mit der echten überein. Dass sie aber falsch war, würde jeder spätestens am Bankautomaten merken.

Knapp vorbei ist auch daneben, das muss auch und gerade für Prophezeiungen gelten. Nehmen wir den Rat der «großen Seher» für den 9.–12.8.97: «Vermeiden Sie Fernreisen!» Tatsächlich stürzte am 6. August ein Touristenflugzeug auf Guam ab, 226 Menschen starben. Die Prophezeiung war deshalb nicht «irgendwie» richtig, sondern völlig falsch: Man muss sich nämlich nur vorstellen, man selbst wäre betroffen, hätte seine Planung nach den «großen Sehern» eingerichtet und seinen Flug vorgezogen: Dann wäre man jetzt womöglich tot.

Ein anderes Beispiel: Ägypten. Überhaupt nur ein einziges Buch beschäftigte sich mit diesem Reiseziel, der Buchela-Kalender. Doch wer genau liest, erkennt, dass auch dessen Vorhersagen nicht viel taugten. «Islamische Terroristen werden mehrfach im Jahr durch Gewalttaten für Aufregung sorgen», das ist zwar nicht überraschend, aber so ungenau wie zutreffend. «Es wird nicht nur Bombenangriffe in Kairo geben» (also mehrere – doch es blieb bei einem), «auch Angriffe auf Touristenbusse werden zur Tagesordnung gehören» (also außerhalb Kairos – aber gerade der Anschlag in Luxor war, anders als der in Kairo, kein Angriff auf einen Bus). «Die Konfrontation zwischen dem Staat und radikalen Extremisten dürfte um die Mitte des Jahres eskalieren.» Pech für die Touristen, die ihren Ägyptenurlaub nach dieser Prophezeiung für den Herbst gebucht haben: Beide Anschläge fanden erst nach der «Mitte des Jahres» statt, am 18. September in Kairo (zehn Tote) und am 17. November in Luxor (62 Opfer).

Ein viertes Verfahren besteht darin, sich möglichst vieldeutig zu äußern. «Hüten Sie sich vor körperlichen und seelischen Belastungen!» – dieser Tipp aus dem Buchela-Kalender kann alles Mögliche bedeuten. Aber der Tipp gilt für den 31. August, den Tag, an dem Lady Diana tödlich verunglückte! Und schon wirkt der Tipp höchst sinnvoll, und man ist bereit, die völlig vage Aussage absurderweise sogar auf einen Verkehrsunfall zu beziehen. Der Mensch ist ein großer Sinn-Hersteller, und Andeutungen reichen ihm, um in die gewünschte Richtung zu denken und Äußerungen entsprechend zu interpretieren – und sei es erst hinterher. Vorher wäre niemand darauf verfallen, den Satz als Vorzeichen von Dianas Tod zu deuten.

Vorausgesehen hat ihren Tod keiner der Wahrsager, nicht einmal der Huter-Kalender, der sogar ein Porträt der Princess of Wales brachte und ihr nach der unglücklichen Ehe und der schmerzhaften Trennung «eine glückliche Wendung» vorhersagte. Man kann jedoch die Tierkreiszeichenhoroskope nach Hinweisen durchsuchen.

Die am 1. Juli 1961 geborene Lady Di ist ein «Krebs», und zwar einer der «ersten Dekade» (die umfasst das erste Drittel). Doch die Krebshoroskope der verschiedenen Astrologen sind, ähnlich dem zitierten Tagestipp, so vieldeutig, dass man zwar manches hineininterpretieren, aber keine handfesten Hinweise herauslesen kann. Einzig der Huter-Kalender warnte – allerdings unterschiedslos alle Tierkreiszeichen – für die Tage vom 23.–26.8. «vor den Gefahren risikoreichen Autofahrens auf dem Nachhauseweg von Lokal- und Diskobesuch» – leider zu früh; und für den 27. bis 31. August gab er schon Entwarnung: «Der Monat verabschiedet sich mit einer Reihe recht freundlicher Einflüsse», so dass «man mit manchen günstigen Ereignissen, mit Freuden, Glücksfällen und Vorteilen rechnen kann.» Entwarnung umso mehr, als er nun speziell den Krebsen der ersten Dekade riet: «Können Sie frei den Termin für den Jahresurlaub wählen, so ist die zweite Augusthälfte zu empfehlen» – also z.B. für einen Urlaub in Paris. Die «Astrowoche» vom 27.12.96

stellte für die Krebse sogar «Das Extra-Glück-Horoskop» auf und behauptete: «Vor allem im Hinblick auf Liebe und Gesundheit gibt es sehr schöne Hinweise.» Die Zeitschrift nannte auch «die besten Phasen», eine lag im «August: 27.–31. (Erfolg)».

Auch dies also eher ein Misserfolg. Und trotzdem, eins steht fest: Der Blick in die Zukunft fasziniert, ob man nun Blei gießt an Silvester oder dem Gutachten der fünf Weisen lauscht, ob man zur Wahrsagerin geht oder das Interview eines Futurologen liest. Schließlich ist weitaus das meiste, was man tut, auf die Zukunft bezogen: Entscheidungen, die man trifft, Pläne, die man wälzt, Zweifel, ob sich etwas lohnt, ob im Geschäft oder im Privatleben, die Gegenwart wird durch die Zukunft bestimmt. Erst die Zukunft zeigt, ob man richtig gehandelt hat, und nur weil man die Zukunft nicht kennt, macht man ja Fehler.

Dass man einen Blick in die Zukunft werfen möchte, ist deshalb nur zu verständlich. Ob er aber auch tatsächlich möglich ist, ist eine andere Frage. Absolut verneinen lässt sich die Möglichkeit nicht, denn «wir wandeln alle in Geheimnissen. Wir sind von einer Atmosphäre umgeben, von der wir noch gar nicht wissen, was sich alles in ihr regt und wie es mit unserem Geiste in Verbindung steht», so sagte es Goethe am 7. Oktober 1827 seinem Eckermann. «So viel ist wohl gewiß, daß in besonderen Zuständen die Fühlfäden unserer Seele über ihre körperlichen Grenzen hinausreichen können und ihr ein Vorgefühl, ja auch ein wirklicher Blick in die nächste Zukunft gestattet ist.» Es scheint nur, dass Wahrsager und Hellseher recht selten in diesen «besonderen Zuständen» sind.

Der Heilige Gral Nichts Genaues weiß man nicht. Nur so viel scheint festzustehen, dass nämlich der Heilige Gral immer nur eine Angelegenheit von Sage und Dichtung war und nicht, wie die Idee von der klassenlosen Gesellschaft oder der Traum vom Goldland Eldorado, wirkliche Menschen in seinen Bann geschlagen und mobilisiert hat.

Deshalb hält man sich beim Heiligen Gral am besten an die Fakten, die die Schriftsteller erfunden haben. Erstmals wird der Gral

Ende des 12. Jahrhunderts vom Franzosen Chrétien de Troyes in den «Li Contes del Graal» bedichtet: Hier ist der Gral, welches Wort eigentlich nur «Gefäß» bedeutet, eine lebensspendende Schale, in der eine Hostie aufbewahrt wird. Troyes' Zeitgenosse Robert de Boron hingegen beschreibt den Gral in seinem «Roman de l'estoire dou Graal» als Christi Abendmahlsschüssel und zugleich als Kelch, in dem Joseph von Arimathäa das Blut Christi aufgefangen habe, als er Jesu Leichnam vom Kreuz nahm und beisetzte – und womöglich geht ja «graal» auf die mittelalterliche Lateinvokabel «gradalis» zurück, die «Prunkschüssel, in der Delikatessen stufenweise abgeteilt liegen».

Um 1200 überführte Wolfram von Eschenbach den Heiligen Gral in die mittelhochdeutsche Literatur. In knapp 25 000 Versen schildert er den Werdegang Parzivals zum Gralskönig in drei Stufen analog zur Heilsgeschichte von Unschuld, Sündenfall und Erlösung. Was genau dieser von Gralshütern bewachte Gral eigentlich ist, bleibt wieder unklar, aber wahrscheinlich ist er nun ein Stein mit wunderbaren Kräften, dem Himmel verbunden und Leben spendend, ein Symbol für die angestrebte Harmonie von Gott und Welt und außerdem, denn wir befinden uns im Mittelalter, Inbegriff höchster ritterlicher Tugend. In Wolfram von Eschenbachs eigenen Worten verbürgt der Gral irdisches Glück (des «libes vröude») und himmlische Seligkeit (der «sele rouwe»), weltliche Ehre und Gottes Segen («gotes hulde und der werlt ere»). Zugleich hat der Gral sehr praktische Funktionen, verleiht er doch ewige Jugend (was an den Stein der Weisen erinnert, wie ihn die Araber verstanden) und spendet Speisen ohne Ende. Auch die Hostie des christlichen Abendmahls kehrt bei Wolfram von Eschenbach wieder, nur wird sie hier an jedem Karfreitag von einer Taube vom Himmel gebracht; von dieser Hostie empfängt der Gral seine Kraft.

In Skandinavien schlug die Gralssage in Gestalt der «Parcevalssaga» Wurzeln, doch vor allem in England trieb sie kräftig aus. Sie wurde mit den Artus-Legenden verbunden und mit weiteren Mythen verschmolzen; neue Helden wurden eingeführt: Galahad, Gawein und Lancelot. Das alles verdeutlicht, wie sehr dieser literarische Stoff namhafte und namenlose Dichter des Mittelalters und folglich auch deren Publikum bestrickte. In einem Fall dürfte auch der Autor fasziniert haben: Der Engländer Thomas Malory verherrlichte in seiner Dichtung «Le morte d'Arthur» (1470) die Ideale ritterlichen Lebens – er selbst saß achtmal im Gefängnis, unter anderem wegen Raubüberfalls und Vergewaltigung.

Auch Malory schöpfte für seine Bearbeitung des Gralsthemas aus französischen Quellen. Der Gralsstoff vereint anscheinend christliche und heidnisch-keltische Motive, die in Frankreich noch lebendig waren. Keltischer Überlieferung entspringt wohl die Auffassung vom Gral als Tischlein-deck-dich, als magischem Gefäß des Überflusses. An heidnische Fruchtbarkeitsriten mag erinnern, wenn in der Gralssage der Pokal zusammen mit einer blutenden Lanze an einem geheimen Ort aufbewahrt wird: Der magische Kelch symbolisiert vielleicht den Schoß der Frau, und die Lanze steht für den Phallus. Später christianisierte man diese Lanze und machte sie zum Speer des Longinus, der dem Gekreuzigten in die Seite stach.

Doch was auch der Gral sein mag: Er existiert nur in der Phantasie. Er ist ein Gefäß, in dem sich die höchsten und manche irdischen Wünsche des Menschen sammelten. Ebendeshalb aber wird es auch immer wirkliche Gralshüter geben, die über ihr Höchstes, die reine Lehre, wachen.

Jägerlatein und Seemannsgarn «So wenig ein Leser heute die einzelnen Worte (oder gar Silben) einer Seite sämmtlich abliest – er nimmt vielmehr aus zwanzig Worten ungefähr fünf nach Zufall heraus und ‹erräth› den zu diesen fünf Worten muthmaasslich zugehörigen Sinn –, eben so wenig sehen wir einen Baum genau und vollständig, in Hinsicht auf Blätter, Zweige, Farbe, Gestalt; es fällt uns so sehr viel leichter, ein Ungefähr von Baum hin zu phantasiren», befand, in «Jenseits von Gut und Böse», Friedrich Nietzsche. «Selbst inmitten der seltsamsten Erlebnisse machen wir es noch ebenso: wir erdichten uns den grössten Theil des Erlebnisses und sind kaum dazu zu zwingen, nicht als ‹Erfinder› irgend einem Vorgange zuzuschauen.» Nietzsche pointierte: «Dies Alles will sagen: wir sind von Grund aus, von Alters her – an's Lügen gewöhnt. Oder, um es tu-

gendhafter und heuchlerischer, kurz angenehmer auszudrücken:
man ist viel mehr Künstler als man weiss.»

Der Baron von Münchhausen hätte es mit Zustimmung zur
Kenntnis genommen, zumal er statt der Kritik am menschlichen
Wahrnehmungsapparat wohl eher die Passagen, die ihn zum Künstler erheben, wahrgenommen hätte. Dabei gilt Lügen doch als Laster
und die Lüge als eine Last, «dass sich die Balken biegen», wie man
heute sagt, dass «die Balken krachen», wie es Thomas Murner 1512
im Kapitel «Gut garn spinnen» seiner «Schelmenzunft» nannte, oder
gar, «dass die Himmel krachen», was, laut Johann Fischart 1572 in
seiner Satire «Aller Praktik Großmutter», die Flunkereien der Astrologen bewirken. In ein kräftiges und witziges Bild hat auch Abraham
a Sancta Clara die Vorstellung von der Schwerkraft der Lüge ge-
kleidet: «Wann zu einer jeden Lug allzeit solte bey dem Verkauffen
sich ein Baum biegen, so wurde in kurtzer Zeit ein gantzer Wald
bucklet.»

Obwohl Lügen verwerflich ist, findet der geschickte Lügner Aner-
kennung. Wer jemandem einen Bären aufbindet, muss schon ein tol-
ler Kerl sein und Phantasie und Überzeugungskraft besitzen. Da
macht es nichts, dass der Bär der Redensart ursprünglich gar nicht
das Tier war, sondern das mittelhochdeutsche «bar», das «Last» bedeutete und von «bern» (tragen) abgeleitet war.

Jemandem einen Bären aufbinden, das ist im Grunde Jägerlatein.
Angler wiederum sprechen Anglerlatein. Das Latein ist beide Male
kein Zufall: Es war einst die Sprache der Wissenschaft, vertraut den
Gelehrten, aber dem einfachen Volk so fremd wie uns heute Chinesisch. Latein und Chinesisch eignen sich daher gut zur Bezeichnung
unverständlicher Fachsprachen. «Krämerlatein» nannte man früher
die Kaufmannssprache, ähnlich heißt «Soziologenchinesisch» das
Idiom der Sozialwissenschaftler; und das «Jägerlatein» war zuerst
nur ein anderes Wort für die Außenstehenden schwer verständliche
Sondersprache der Jäger, dann ein Name für die unter Jägern be-
liebte Aufschneiderei, heute kann die Vokabel jeden stark übertrie-
benen Bericht treffen. Apropos Aufschneiderei: Wenn der Jäger tatsächlich etwas erlegt hat, kann er Gäste zum Essen einladen und
ihnen, parallel zu seiner tolldreisten Erzählung, riesige Happen vom

Braten aufschneiden und so im doppelten Sinn starke Stücke auftischen. Daher diese schneidige Umschreibung fürs Prahlen, die schon im 17. Jahrhundert geläufig war.

Der Jäger, der in seinem Latein eine Geschichte vorträgt, darf nicht den Faden verlieren oder sich verheddern, sonst bemerken die Zuhörer: «Er spinnt.» Das kommt aus den Spinnstuben, in denen früher die Frauen im doppelten Sinn «ihr Garn spannen» und sich die Zeit durch Erzählungen vertrieben. Genauso spannen die Matrosen ihr Seemannsgarn: Sie machten neues Garn aus aufgelöstem alten Tau- und Takelwerk und erzählten dabei von ihren unglaublichen Abenteuern. Abraham a Sancta Clara hätte da manches zu tadeln gehabt, aber als katholischer Gottesmann kannte er sicherlich Psalm 116, Vers 11: «Alle Menschen sind Lügner.»

Keks und Keks «Das gefährlichste Organ am Menschen ist der Kopf», sagte Alfred Döblin, aber betrachtet man die vielen saloppen Bezeichnungen, die es – neben den seriösen wie «Haupt» oder «Schädel» – für dieses gefährliche Körperteil gibt, so möchte man es nicht glauben: Dez, Nischel, Nuss, Gehirnkasten, Ballon, Boje, Birne, Rübe, Kürbis, Wirsing und, seltsam genug: Keks.

Dabei ist der Keks doch ein Gebäckstück. Sein Name kommt vom englischen Pluralwort «cakes» (von «cake» für Kuchen); im 19. Jahrhundert, als man hierzulande von England hingerissen war wie im 20. von den USA, bürgerte sich das Wort im Deutschen ein und wurde später als Singular verstanden: Der Keks, die Kekse. Was hat das mit dem Kopf zu tun?

Anscheinend nichts. «Du gehst mir auf den Keks!» hat in der Tat nichts mit Nascherei zu schaffen, sondern ist die burschikose Abart der älteren Redensart: «Du gehst mir auf den Geist!» Auch der Scherzkeks ist natürlich kein lustig geformtes Gebäck, sondern jemand, der Albernheiten im Kopf hat und andere mit einem gedankenlosen Spaß nervt oder schädigt, also – ein Blödmann.

Was ein Scherzkeks als «Gag» betrachtet, ist oft genug böser Ernst – so «gaga» ist der Scherzkeks. Deshalb muss man ihm eins aufs Dach geben – und genau damit hängt dieser Keks zusammen: Er kommt nicht aus dem Englischen, sondern aus dem Jiddischen. Seine Wurzel ist das Hebräische «gag», was «Dach» bedeutet.

Um 1900 tauchte dieser Keks in der Sprache von Schülern, Studenten und Soldaten auf – merkwürdigerweise also nur kurz nachdem der englische «Keks» das Aufenthaltsrecht in der deutschen Sprache erworben hatte. Und tatsächlich haben Keks und Keks doch einiges gemeinsam.

Mürbe Kekse, die in der Hand zerbröseln, weiche Kekse, die die Luftfeuchtigkeit aufgenommen haben, feuchte Kekse gar – die gibt es nicht nur auf dem Kuchenteller: Wer nicht ganz bei Trost ist, hat einen weichen Keks, wer beschränkt ist, hat einen mürben (oder morschen) Keks, wer ein schlechtes Gedächtnis hat, hat einen porösen Keks, und statt «Das geht dich nichts an!» kann man sagen: «Das geht dich einen feuchten Keks an!» – denn von einem feuchten Keks lässt man die Finger. (Eine witzige Analogie zu «Kehricht» spielt auch hinein.) Ein feuchter Keks taugt so wenig wie ein dummer Kopf: «Du hast wohl einen nassen Keks im Schuh?», fragten Jugendliche in den 60er Jahren. Nämlich: «Du bist wohl nicht bei Sinnen?» So ähnlich können Keks und Keks sein.

Und der Arschkeks? Aber der Artikel ist ja schon zu Ende.

Dumm wie Bohnenstroh   Der Mensch bildet sich was ein auf seine Denkkraft, die ihn über alle anderen Lebewesen hebt, und weiß doch, dass Denken Glückssache ist. Der Mensch fühlt sich durch seinen Verstand geadelt und erfährt doch im Lauf seines Lebens, dass Unverstand häufig ist. Der Barockdichter Friedrich von Logau machte aus dieser Erfahrung ein kluges Sinngedicht, dessen Quintessenz der Volksmund später in den Satz «Wenn Dummheit weh täte, würde er schreien» fasste. Das Gedicht, 1654 erschienen, lautet: «Wenn Torheit täte weh, o welch erbärmlich Schrei'n / würd' in der ganzen Welt in allen Häusern sein!»

Nicht weniger phantasievoll als der Dichter sind die anonymen Leute aus dem Volk, denen wir ähnliche witzige Vergleiche verdanken, etwa: «Wär' er so lang, wie er dumm ist», könnte er «aus der Dachrinne saufen», hätte «ewigen Schnee auf dem Haupt» und müsste «sich bücken, um dem Mond einen Kuss zu geben.» Überhaupt scheinen gerade die einfachen Leute die Dummheit auf die scherzhafte Tour zu nehmen und sich im Erfinden grotesker Redensarten überbieten zu wollen: Zum Beispiel, wenn jemand «zu dumm ist, um einen Eimer Wasser anzuzünden.» Oder auch: Jemand ist «dumm wie Bohnenstroh».

Das klingt eigentlich befremdlich. Tatsächlich hieß es ursprünglich «grob wie Bohnenstroh», denn der Stängel der Saubohne ist daumendick. Entsprechend hart war das Schlaflager jener armen Leute, die sich nicht mal eine Bettstatt aus Stroh leisten konnten, sondern mit einer aus dem groben Bohnenkraut vorliebnehmen mussten. Nun gilt, wer grob ist, schnell als ungebildet und dumm – und arme Leute, weil sie meist keine Bildung haben erwerben können, ebenfalls. Doch nicht deshalb wurde das Bohnenstroh dumm. Das rührt vielmehr daher, dass das dicke Kraut der Saubohne nur schwer trocknete, und wenn man es nicht luftig lagerte, wurde es leicht muffig oder auch: dumpf. Für dieses Wort setzte der Bibelübersetzer Luther des Öfteren: «dumm». So wurde denn auch das grobe und dumpfe Bohnenstroh endlich dumm, eine Formulierung, die ein gewisser C. M. Oettinger 1847 mit seinem Lied «Fünf mal hundert tausend Teufel» populär machte.

Wer dumm wie Bohnenstroh ist, kann auch als Depp und doofe Nuss durchgehen. «Doof» ist die niederdeutsche Variante von «taub», und weil, wer nichts hört, auch nichts versteht, ist der Kurzschluss vom fehlenden Gehör zum mangelnden Verstand nicht verwunderlich. Der «Depp» wiederum geht auf die Worte «täppisch» und «tappen» zurück und bezeichnet also jemanden, der in der Welt so unbeholfen geht wie ein normaler Mensch nur in der Finsternis. Damit ist der Depp dem Tollpatsch verwandt, nicht weil der womöglich «toll» herum«patscht», sondern weil der auch nicht gut laufen kann: «talp» ist das ungarische Wort für «Sohle», und da der ungarische Fußsoldat ein armer Kerl war und statt Schuhen nur mit Schnüren befestigte Sohlen trug, hieß er «talpas» (wobei das ungarische s als sch auszusprechen ist).

Ob der Depp, die doofe Nuss und der Tollpatsch dümmer sind, als die Polizei erlaubt, bleibe offen. Die Redensart jedenfalls stellt auf den Paragraphen 51 des alten Strafgesetzbuches ab; seit der Reform von 1975 sind es die Paragraphen 20 und 21, die einem Angeklagten wegen einer «schweren seelischen Störung», einer «tiefen Bewusstseinsstörung», wegen «Schwachsinns» oder wegen einer «schweren anderen seelischen Abartigkeit» den «Ausschluss der Schuldfähigkeit» (§ 20) bzw. «verminderte Schuldfähigkeit» (§ 21) zubilligen.

Wer indes klüger ist, als die Polizei erlaubt, weiß, dass auch die Intelligenz nicht gegen Fehler und Irrtümer gefeit ist, denn «der Mensch denkt, Gott lenkt»; und wenn es dann dumm gelaufen und schiefgegangen ist, kann er rückblickend feststellen: «Der Mensch dachte, Gott lachte.»

Ein Denkzettel Der Mensch zeichnet sich vor allen anderen Lebewesen durch sein Gehirn aus, aber was fängt er damit an? «Er denkt zu viel: Die Leute sind gefährlich», sagt Julius Cäsar in Shakespeares Tragödie von Cassius, der dann auch zu seinen Mördern gehört. Am besten, man überlässt das Denken den Pferden, denn die haben die größeren Köpfe, sagt jedenfalls der Volksmund, der natürlich auch immer wieder seine Einsicht zum Besten gibt, dass es erstens anders kommt und zweitens als man denkt. Ob gemeines Volk oder gelehrte Leute, sie alle ahnen, wie relativ Klugheit und Dummheit sind und in welch merkwürdig dialektischem Verhältnis sie stehen. «Wo ein Kluger nichts ausrichtet, schickt man einen Dummen hin», lautet ein Sprichwort, und der französische Aphoristiker La Rochefoucauld notierte: «Ein geistreicher Mann würde ohne die Gesellschaft von Dummköpfen oft in Verlegenheit sein.»

Was man sich fein ausgedacht hat, ist am Ende oft dumm gelaufen, und wer eine Dummheit begangen hat, bekommt einen Denkzettel verpasst. Das Wort findet sich bei Luther, wenn er Maleachi 3,15 f. übersetzt: «Die Gottlosen nehmen zu; sie versuchen Gott, und alles geht ihnen gut aus. Aber die Gottesfürchtigen trösten sich so: Der Herr merkt und hört es, und vor ihm ist ein Denkzettel geschrieben für die, so den Herrn fürchten und an seinen Namen gedenken.» Luthers «Denkzettel» war also ein Merkblatt oder Notizbuch, aber anders, als man es sich vorstellt: kein Sündenregister, sondern vielmehr ein Verzeichnis der guten Menschen. Unser «Denkzettel» hat eine andere Tradition: Er geht auf die Hanse zurück, wo der «denkcedel» eine schriftliche Vorladung war – meist eine unangenehme Sache. Das war er dann auch an den Jesuitenschulen seit dem 16. Jahrhundert. Dort war der Denkzettel ein Vermerk über die Missetat eines Schülers, die mit Prügel geahndet wurde.

Nur die Tat, nicht der bloße Gedanke kann zu einem Denkzettel führen, denn «die Gedanken sind frei». So heißt es im Volkslied («Kein Mensch kann sie wissen, / kein Jäger sie schießen: / Es bleibet dabei, / Die Gedanken sind frei»), und so dachte man schon in der Antike: Der Satz findet sich in einer Gerichtsrede Ciceros und über 200 Jahre später beim Juristen Domitius Ulpianus. «Die Gedanken sind frei», das gilt aber nur für die irdische Gerichtsbarkeit. Gott indes sieht und bestraft alles, auch die sündigen Gedanken, weshalb ein Ernst Meister das Wort unter seine «Einhundert drey und dreyssig Gotteslästerliche / gottlose / schändliche und schädliche / auch unanständige / und theils falsche teutsche Sprichwörter» rechnete – so sein Buchtitel 1705.

Der Mensch kann denken, der deutsche Mensch sogar dichten und denken. So will es das Schmuckwort, das die Deutschen sich selbst verliehen haben. Es findet sich bei Johann Karl August Musäus, der 1782 seine «Volksmärchen der Deutschen» mit einem «Vorbericht an Herrn David Runkel, Denker und Küster» einleitete und darin das «enthusiastische Volk unserer Denker, Dichter, Schweber, Seher» beschwor. An anderer Stelle, den «Physiognomischen Reisen» von 1779, prägte Musäus bereits das Zwillingspaar «Denker und Dichter» – aber ohne die Deutschen zu meinen. Jean Paul stellte die Formel dann um: «Dichter und Denker» – wieder ohne nationalen Bezug. Den erdichteten sich die Deutschen erst im 19. Jahrhundert. Wilhelm Busch allerdings wusste, dass Dichten und Denken zweierlei sein kann: «Gedanken sind nichts stets parat, / Man schreibt auch, wenn man keine hat.»

Das Volk der Dichter und Denker zu sein erwies sich im 20. Jahrhundert als klarer Fall von denkste. Karl Kraus ahnte den tiefen Sturz voraus: Schon 1908 reimte er satirisch vom «Volk der Richter und Henker». Und heute? Robert Gernhardt nahm einfach ein Reimlexikon und dichtete vom peinlichen Selbstlob über die Satire zum betörend sinnvoll klingenden Unfug weiter: «Einst Land der Dichter und der Denker, / Dann Land der Richter und der Henker, / heut' Land der Schlichter und der Lenker–: / Wann Land der Lichter? Wann der Schenker?»

Der Nürnberger Trichter Wie einfach war es früher, als man in der Schule fürs Leben lernte und nach der Ausbildung zu einem Beruf ausgelernt hatte! Heute ist das lebenslange Lernen gefragt. Was Hänschen nicht lernte, hat Hans noch allemal zu lernen, denn der ehrgeizige Mensch ist zu lebenslänglicher Fort- und Weiterbildung verurteilt.

Alle zwei, fünf oder auch bloß zehn Jahre verdoppelt sich der Schatz des menschlichen Wissens. Schon in den sechziger, siebziger Jahren, als diese Entwicklung sich abzeichnete, träumten geplagte Schüler von Pillen, mit denen man sich den Lernstoff mühelos aneigne. Man schluckt eine Pille und kann Französisch, eine weitere Pille, man hat die Vektorrechnung intus.

Die meisten Leute erinnern sich ungern an die Schule, die sich in ihr Gedächtnis als eine Zwangsanstalt eingegraben hat. Dabei war die Schule einmal das Gegenteil. Die lateinische «schola» rührt von der griechischen «scholé» her, welche eigentlich «Muße» und «Ruhe» bzw. die «wissenschaftliche Beschäftigung während der Mußestunden» meinte und erst später zum Begriff für den Unterricht und die Unterrichtsstätte selbst wurde. Die «scholé» bezeichnete diejenige Zeitspanne, die der Mensch nicht mit der lästigen Bemühung um das Lebensnotwendige, mit Arbeit verbrachte, sondern in der er sich mit Dingen beschäftigte, die von profanen Zwecken und Geschäftsinteressen frei waren und der Selbstverwirklichung dienten, die einem freien Bürger der «polis» wohl ansteht. Die «scholé» war also keine simple Freizeit, in der sich eine Arbeitskraft entspannt, erholt und zerstreut, sondern eine selbstbestimmte Mußezeit, in der ein Mensch sich zur Persönlichkeit bildet.

Natürlich konnte man in der «scholé» sich auch einen gelehrten

Vortrag anhören oder eine wissenschaftliche Diskussion führen. Schon bei den Römern bezeichnete «schola» dann die Vorlesung und später den Ort des Unterrichts selbst. Damit begann jenes institutionalisierte Lernen, das im Mittelalter erst die Kirche, dann die Stadt und in der Neuzeit der Staat unter seine Fittiche nahm.

Einen Rest der griechischen «scholé» bewahrt die Schule bis heute, denn was man in ihr lernt, dient auch der Allgemeinbildung. Deren Erwerb kostet Anstrengung, die Schüler müssen ochsen, büffeln und den Lehrstoff bimsen. Dieses Bimsen meinte ursprünglich das Reiben und Glätten mit Bimsstein. Holz und Pergament wurden so bearbeitet. Soldaten nahmen das Wort auf und verwendeten es im Sinn von «putzen, schleifen, drillen»; von ihnen lernten die Schüler die Vokabel. (Der «Bims» aber kommt vom lateinischen «pumex», eigentlich: Schaumstein.)

Einfacher wäre es, das Wissen würde einem eingetrichtert. Das Bild, mit einem Trichter dem Menschen etwas einzugießen, ist schon im 16. Jahrhundert geläufig. Berühmt wurde der Nürnberger Trichter, der sozusagen die Lernhoffnung geplagter Schüler in der Vor-Pillen-Zeit verkörperte. Dabei hatte er ursprünglich weniger mit Schule als mit freier, selbstbestimmter Weiterbildung, gewissermaßen mit der «scholé» zu tun. 1647 veröffentlichte Georg Philipp Harsdörffer in Nürnberg eine Anleitung zum schnellen Erlernen der Poeterei unter dem Titel: «Poetischer Trichter. Die Teutsche Dicht= und Reimkunst / ohne Behuf der Lateinischen Sprache / in VI. Stunden einzugiessen». In der einleitenden «Zuschrifft» verteidigt sich Harsdörffer gegen die Behauptung, die «Teutsche Poeterey wäre sehr schwer zu erlernen», mit den Worten: «Wann wir / mit der Zeit / wie mit gegenwärtigem Wein umgiengen / so solte man die Dicht= und Reimkunst / in VI. Stunden / wonicht vollkömmlich / jedoch zur Noht / fassen / und verstehen können. Den Wein giesset man durch Trichter in Flaschen und Fässer / daß alle Tropffen darvon zu Nutzen kommen: die Zeit lassen wir ohne Nutzen verfliessen / und achten ihr nichts / viel gute Stunden übel anzulegen / welcher Verlust doch mit aller Welt Reichtum und Arbeit nicht widerum zuwegen gebracht werden kan; da hingegen alle Jahre neuer Wein wächset.»

Harsdörffer verspricht, in diesem «Wercke zu erweisen / daß mein

Vorgehen einem jeden / der darzu Lust hat / unschwer thunlich sein werde», soll heißen, dass nach seiner Methode jedem das Lernen leichtfalle, er mühelos auf den Trichter komme. Tatsächlich steht der Nürnberger Trichter für ein Verfahren, mit dem man auch dem Dümmsten Wissen vermitteln kann. Genau das schreibt Harsdörffer in der anschließenden «Vorrede» über «das Absehen / und die Ursache deß Verfassers gegenwärtigen Werkleins». In Punkt sieben heißt es: «Wie nun kein Acker so schlecht / und unartig zu finden / den man nicht durch Fleiß / und beharrliche Pflegung / und Arbeit solte fruchtbar machen können: Also ist auch keiner so unreinen Hirns / der nit durch Nachsinnen / auf vorher erlangte Anweisung / (welche gleichsam der Wuchersame ist /) eine gebundene Rede / oder ein Reimgedicht zusammenzubringen solte lernen können: jedoch», schränkt Harsdörffer ein, «einer viel glückseliger / als der andere.»

Auch der Nürnberger Trichter kann also keine Wunderdinge verrichten. Er füllt zwar den Kopf mit Wissen, aber ob es dem Menschen nutzt oder ihn gar bildet und glückselig macht, ist eine andere Frage.

Der Stein der Weisen Ungewöhnliche Steine wie Magnete, Meteoriten, Feuersteine, Bernsteine, Edelsteine und Findlinge faszinierten schon immer. Manche wurden zu Kult- und Opferstätten wie im Islam die Kaaba, was «Würfel» heißt: Es handelt sich um ein würfelförmiges Bauwerk, an dessen Südostecke ein schwarzer Meteorit eingemauert ist, den jeder Mekkapilger beim siebenmaligen Umgang um die Kaaba zu berühren bestrebt ist. Angeblich soll dieser «schwarze Stein» – arabisch «hadschar», weshalb die Wallfahrt nach Mekka «hadsch» und der Wallfahrer «hadschi» heißt – dem biblischen Abraham vom Erzengel Gabriel übergeben worden sein.

Der Glaube an die sakrale Kraft dieses Steins befremdet, doch dass Steine magische Kraft besitzen, diese Meinung war früher auch im Abendland weit verbreitet, und noch heute sind Esoteriker von der heilsamen Wirkung von Kristallen und Edelsteinen überzeugt.

Besonders weit verbreitet war in unseren Breiten einst der Glaube an die Zaubermacht eines ganz bestimmten, rätselhaften Steins: des

Steins der Weisen. In die Welt gesetzt hat diesen Glauben die in der Spätantike entwickelte frühe Form der Chemie, die Alchimie. Sie wurde noch im 18. Jahrhundert betrieben, als der sächsische Alchimist J. F. Böttger auf der Suche nach Gold das Porzellan erfand.

Eben zur Gewinnung von Gold, Silber oder wenigstens Kupfer brauchten die Alchimisten den Stein der Weisen: Ähnlich wie das einfache Volk meinte, heilkräftige Steine könnten Warzen in gesundes Gewebe verwandeln, waren die gelehrten Alchimisten überzeugt, ein gewisser Stein, der «lapis philosophorum», könne unedle Elemente in edlere Metalle umwandeln. (Genauer gesagt, muss der Alchimist zunächst das Ausgangsmaterial in die sogenannte materia prima verwandeln, den eigenschaftslosen, schwarzen Urzustand der Materie. Erst dann tritt der Wunderstein in Aktion, um die materia prima in Edelmetall zu transformieren.) Obwohl unzählige Alchimisten diese geheimnisvolle magische Substanz suchten, fanden sie sie nie – weshalb man noch heute sagt, jemand suche den Stein der Weisen, wenn er etwas finden will, was es gar nicht gibt. Der Glaube an und die Suche nach etwas, das nicht existiert, trägt natürlich verrückte Züge, was Jean Paul kurz und bündig in den Aphorismus fasste: «Der Stein der Weisen ist der erste Grundstein zum Narrenhaus.»

Wahrscheinlich wurde die Alchimie, wie so vieles aus der Antike, dem Abendland durch die Araber vermittelt. Auf sie dürfte der Glaube zurückgehen, der Stein der Weisen könne Leben erhalten und verjüngen. Die Araber nannten ihn nämlich «al iksir» und fassten ihn als Allheilmittel auf, als «Elixier». Eine Auffassung, die sich umso leichter in Europa verbreiten konnte, als sie dem eingewurzelten Glauben an die medizinische Kraft von Steinen ähnelte. Im 16. Jahrhundert brachte Paracelsus ein «elixir vitae» in den Handel, das sehr berühmt wurde, und im 18. Jahrhundert verkaufte ein Graf de Saint-Germaine ein Abführmittel als Lebenselixier. Letzteres war nur eine Mixtur aus Holunderblüten, Anis, Fenchel, Weinstein, Weinsäure und Sennesblättern, aber die Behauptung des Grafen, dank diesem Mittel sei er bereits über 200 Jahre alt geworden, erwies sich als so gute Reklame, dass die dänische Regierung ihm dieses Elixier abkaufte, das bis weit ins 19. Jahrhundert hinein in Dänemark eine viel verwendete Universalmedizin blieb.

Weil der Stein der Weisen eigentlich zur Gewinnung von Gold diente, wurde das Lebenselixier vor allem mit Gold in Verbindung gebracht. Ein alter Likör, den es bis heute gibt, könnte hierin seinen Ursprung haben: das Danziger Goldwasser. Als Universalarznei wird es kaum taugen, aber – «wer Sorgen hat, hat auch Likör» – eine gewisse heilsame Wirkung wohnt ihm wohl inne!

Wotan & Co. Jesus ist der Himmelskönig und Gefolgsherr, dem die Jünger in Gefolgschaftstreue verbunden sind. Von «Nazarethburg» aus ziehen sie durch den «Gau» Galiläa, der vom «Herzog» Pontius Pilatus regiert wird, und bestehen mannigfache Abenteuer; auf dem See Genezareth z. B. geraten sie in ihrem «hochgehörnten Schiff» wie Wikinger auf hoher See in einen Sturm. So schildert es im 9. Jahrhundert die «Heliand»-Dichtung und gibt einen Eindruck davon, wie christliche Missionare ihre Religion der germanischen Welt anpassten.

Kriegerisch war die Götterwelt der Germanen. In seiner um 100 n. Chr. verfassten «Germania» nannte Tacitus drei Hauptgötter: Merkur, Herkules und Mars, womit er Wotan, Donar und Ziu meinte. Zwei von ihnen sind hauptberuflich Kriegsgötter, Wotan (oder Odin) und Ziu; und auch der Dritte im Bunde, der Donnergott Donar (oder Thor), hat von Amts wegen mit seinem Hammer «Mjöllnir» die Riesen zu bekämpfen.

Kampf, Pflicht und Ehre prägten den Glauben, der heldische Propaganda war: Die auf dem Kampfplatz, der Walstatt, Gefallenen, die «Kampf-Toten», werden von den Kampfjungfrauen, den Walküren, zu Wotans Palast Walhall geführt, wo sie sich auf den Endkampf am Tag des Götterverhängnisses Ragnarök vorbereiten – die berühmte «Götterdämmerung», wenn das Weltende gekommen ist –, um an der Seite der Götter zu fechten und zu sterben. Während die Helden also ihr Kriegerparadies finden, fallen die «Bett-Toten» der Unterweltgöttin Hel in die Hände, die wohl keine Lichtgestalt war, verdanken wir ihr doch die «Hölle».

Wahrscheinlich entstanden die kriegerischen Mythen erst, als sich bei den Germanen eine adlige Herrenschicht herausbildete; ursprünglich waren Wotan, Donar und Ziu vielleicht nur vergöttlichte Ahnen. Es finden sich nämlich Spuren eines anderen, älteren Kults: Die Germanen unterschieden zwei Göttergeschlechter, die kampflustigen Asen, zu denen Wotan und sein himmlisches Gefolge gehören (und die im Vornamen «Astrid» weiterleben), und die bäuerlichen Wanen, die vor allem Fruchtbarkeitsgottheiten waren und sich in Ortsnamen wie «Wanfried» erhalten haben. Tacitus erwähnt die Erdgöttin Nerthus. Sie stand im Mittelpunkt des Vegetationskults, der den Ablauf von Säen, Wachsen und Ernten begleitete, und war sozusagen die personifizierte Mutter Erde; in späteren skandinavischen Aufzeichnungen ist Njördr der Gott der Fruchtbarkeit und des Meeres, seine liebreizende Tochter Freyja die Göttin des Friedens und Schirmherrin des Ackers und sein Sohn Freyr der Gott des Lichts und des Reichtums. (Freyja ist nicht zu verwechseln mit ihrer Konkurrentin Frija, der Gattin Wotans und Göttermutter.)

Schon die Germanen hatten ein inniges Verhältnis zum Wald. Sie weihten ihren Göttern Wälder, dienten ihnen in Hainen und verehrten Bäume wie die Donareiche, die Bonifatius im Jahr 724 gefällt hat. Sie glaubten an die riesige Weltesche Yggdrasil, die das Gewölbe des Himmels stützt, ihre Äste über das All breitet und an deren Wurzeln die Nornen Urd, Werdandi und Skuld sitzen und die Schicksalsfäden spinnen. Und Wotan schuf das erste Menschenpaar aus einer Esche und einer Ulme.

Das Christentum hat das germanische Heidentum überwunden. Aber nicht restlos – trägt doch das höchste Wesen selbst einen germanischen Namen: Gott. Ursprünglich sächlich («das Gott»), bezeichnete das Wort männliche und weibliche Gottheiten und diente nach der Christianisierung zur Benennung des Christengottes. Das ist nicht selbstverständlich: Die Araber zwangen allen Moslems ihr Wort für Gott auf, Allah.

Deutsche, Germans usw. Andere Völker haben einen Namen, das deutsche hat gleich mehrere. Die Engländer sprechen von Germans, die Franzosen von Allemands, die Italiener von Tedeschi, die Slawen von Njemzi, Nemec o. s. ä.: Ein Durcheinander, das sich erklären lässt.

Ihren englischen Namen haben die Deutschen natürlich nach ihren hauptsächlichen Vorfahren, den Germanen, die jedenfalls numerisch größeren Anteil an den Deutschen haben als Slawen, Kelten und andere. Dass wir keine Germanen mehr sind, wissen die Engländer selbstverständlich auch – weshalb sie unsere germanischen Vorfahren anders benennen: «Teutons», Teutonen. Als «Dutch» dagegen bezeichnen sie die Niederländer, die in der Tat bis 1648 dem Heiligen Römischen Reich Deutscher Nation angehörten und deren niederländische Sprache noch längere Zeit als zum Deutschen gehörig galt (und tatsächlich bildet die Niederlandistik an deutschen Universitäten bis heute nur einen Fachbereich innerhalb der Germanistik, der Wissenschaft von der deutschen Sprache und Literatur.)

Die Franzosen nennen die Deutschen nach demjenigen germanischen Stamm, der ihnen im Osten benachbart ist und aus denen Elsässer, Schweizer, Badener und Schwaben hervorgingen: den Alemannen. Im Italienischen heißen die Deutschen Tedeschi. Dieser Name verdankt sich nicht etwa den Teutonen, sondern den Langobarden, die sich während der Völkerwanderung in Oberitalien niederließen, in der dann nach ihnen benannten Lombardei. Noch zur Zeit Karls des Großen hielten sie gegen die eingesessene romanische Bevölkerung an der «theodisca lingua», ihrer germanischen Volkssprache fest. «Theodisca» aber ist nichts anderes als die Latinisierung des althochdeutschen «thiudisk» oder «diutisk».

«Diutisk» bezeichnete allgemein die Volkssprache der germanischen Stämme, zu denen auch die in England eingewanderten Angelsachsen und die in der Normandie sesshaft gewordenen Normannen gehörten; erst später verengte sich der Geltungsbereich auf die mitteleuropäischen Völkerschaften. Im Unterschied zu ihnen sprachen die Kirchenleute und Gelehrten Latein. Zugrunde liegt ein Wort mit der Bedeutung «Stamm, Volk», so dass «diutisc» also «volksgemäß, zum Volk gehörig» bedeutete. Es hängt mit «deuten» zusammen, was ursprünglich auf die Tätigkeit der Priester gemünzt war, die dem Volk den Willen der Götter, den sie aus den Vorzeichen herauslasen, übersetzen und erklären mussten. Das Adjektiv «diutisc» nun bezog sich anfangs nur auf die Sprache. Erst lange nachdem sich Karls Frankenreich in ein Westfrankenreich – das heutige Frankreich –

und ein Ostfrankenreich geteilt hatte, waren Volk und Land offiziell «deutsch».

Mit jemandem deutsch reden heißt, geradeheraus, wahrscheinlich auch grob reden, damit der andere versteht, was man will. In einer Fremdsprache dagegen macht es Mühe, sich auszudrücken. Das mussten wohl auch jene Deutschen erfahren, die nach Osten zogen. Die Sprache der Slawen konnten sie bestenfalls radebrechen, und deshalb nannte man sie «Njemzi»: Stotterer, Stumme.

Das klingt nicht schmeichelhaft, doch die Ahnen des Abendlandes, die Griechen, dachten auch nicht eben vorteilhaft von den Nichtgriechen mit ihren unverständlichen Sprachen und qualifizierten sie kurzerhand als «Blablamacher» ab, nämlich als «Barbaros».

Die meisten Leute finden das Fremde eben weniger faszinierend als bedrohlich, unkultiviert, ungebildet, roh und grausam, eben: barbarisch. Merkwürdig nur, dass man selber auf die Fremden genauso wirkt.

Die Arier Wörter gibt es, die kann man nicht mehr aussprechen, ohne sich unmöglich zu machen. Das Wort «Arier» zum Beispiel.

Die Nazis missbrauchten dieses Wort aus dem altindischen Sanskrit; aber man muss einräumen, dass es schon viel früher ein Machtwort war, in sozialer und eben auch ethnischer Hinsicht. Als Mitte des zweiten vorchristlichen Jahrtausends indoeuropäische Stämme in Indien einfielen, war der «arya» der «Edle», nämlich der Angehörige des Eroberervolks im Unterschied zum Angehörigen der alteingesessenen Bevölkerung. Ähnlich im Iran, in den Meder und Perser eingewandert waren: «In alten Zeiten hießen sie allgemein Arier», notierte im 5. Jh. v. Chr. der griechische Geschichtsschreiber Herodot. Altpersisch «arija» oder «airja» meint den «Herrn», wovon der Name «Iran» herrührt: «Airjana», Arierland.

«Arier» war damals eine Selbstbezeichnung der indoeuropäischen Völker im Vorderen Orient: Auch im Mitanni-Reich am Euphrat herrschten die «Marjanni», nämlich «Ritter», deren arische Wurzel kenntlich ist, sobald man das M fortlässt.

Die im zweiten Jahrtausend vor Christus nach Kleinasien eingewanderten Hethiter sind kein Gegenargument, weil deren eigener Name bis heute unbekannt ist; der, den ihnen die Forschung gegeben hat, stammt aus der Bibel und ist vorindoeuropäisch. Dagegen gibt es Hinweise darauf, dass die frühen Indoeuropäer sich nicht nur in Asien «Arier» nannten. Ein Arierland liegt weit näher: Irland, gälisch «Eire». Im Altirischen hieß der freie Mensch «aire» oder «airech». Und als Bestandteil von Eigennamen war der Arier nicht nur bei den Skythen nördlich des Schwarzen Meers vertreten, sondern auch bei den Germanen. Ariovist hieß jener Heerkönig der Sueben, die 58 v. Chr. von der römischen Streitmacht unter Cäsar im südlichen Elsass geschlagen wurden.

Als um 1800 europäische Gelehrte das Sanskrit entdeckten, hielten sie es irrtümlich für die indoeuropäische Ursprache und die «Arier» demzufolge für die Ahnen aller Indoeuropäer, zu denen ja auch die Deutschen zählen. «Arier» war also ein ethnologischer und sprachwissenschaftlicher Begriff für das vermeintliche Urvolk und dessen Ursprache. Und weil die Arier in Indien die einheimische Bevölkerung unterworfen hatten, wurde das Wort nun von Rassetheoretikern wie Joseph Arthur Gobineau in seinem Buch «Über die Ungleichheit der Menschenrassen» (1855) umgedeutet: Der Arier symbolisierte die Überlegenheit der weißen Rasse. In diesem Sinne wurde das Wort von chauvinistischen Politikern zur Kampfvokabel geschmiedet, um im Zeitalter des Nationalismus und Kolonialismus die eigenen Herrschaftsgelüste zu rechtfertigen. Die Nazis spitzten die Sache weiter zu: Für sie war der Arier ein «Angehöriger der nordischen Rasse» und ein «Nichtjude». Das Wort hatte seine Bedeutung verändert, sein darüber hinausgehender Sinn aber war, wenn auch mörderisch pervertiert, geblieben: Es diente der Unterdrückung und Abgrenzung.

Die Nazis hielten die Arier für die Träger der Kultur. Dabei waren die arischen Eroberer Indiens bloß Krieger und Hirten, die der mindestens 1000 Jahre älteren städtischen Zivilisation am Indus weit unterlegen waren – nur Krieg führen konnten sie besser.

Als sich in Indien die Eroberer mit den Einheimischen vermischt hatten, war der «Arya» nicht mehr ethnisch definiert, sondern meinte den Angehörigen einer der drei oberen Kasten der Priester, der Krieger und der Gewerbetreibenden. Dienstleister und Unberührbare waren keine Edlen, keine Arier. Auch die Zigeuner waren keine Arier: Ihr Name geht zurück auf das byzantinische «atsiganoi», auf Deutsch: die Unberührbaren. Tatsächlich waren die Zigeuner, die um das Jahr 1000 aus Indien westwärts zogen (und 1407 hierzulande erstmals in einer Hildesheimer Chronik erwähnt werden), meist Gaukler und Spielleute und womöglich von den Arabern nach Persien verschleppte Sklaven.

Es verwundert nicht, dass die heute weltweit, außer in Ostasien, verbreiteten Zigeuner lieber «Roma» genannt werden wollen. Nur: «Roma» kommt wahrscheinlich vom Sanskritwort «Doma», das einen Mann der niederen Kaste bezeichnet, der von Gesang und Musizieren lebt. Aber «Roma» zu heißen ist wohl immer noch besser, als ein Arier sein zu wollen.

Der Idiot als Privatmann Politiker stehen in Deutschland in keinem guten Ruf. «Politik ist die Kunst, für viele möglichst wenig und für wenige möglichst viel zu tun», so brachte Karlheinz Deschner die landläufige Meinung auf den Punkt.

Die antiken Griechen sahen das anders. Sie haben zwar nicht das Pulver erfunden – das soll ja einem Deutschen, dem Mönch Berthold Schwarz, gelungen sein –, aber die Demokratie. Aktive Teilnahme an der Führung und Verwaltung des Staates, der Polis, war ihnen selbstverständlich, denn die Staatsgeschäfte, «ta politika», gingen alle an.

Zwar unterlagen die Griechen einer Selbsttäuschung, denn wenn sie «alle» sagten, meinten sie nicht jeden. Die Demokratie war für die Bürger da, aber Frauen und Sklaven waren keine Bürger und hatten nichts zu sagen. Auch die «Metöken», die zugewanderten Fremden, die als Handwerker und Kaufleute oft sehr reich waren, besaßen weder Bürger- noch Wahlrecht. Dass aber jemand, der das Recht dazu hatte, sich nicht um Politik kümmert, war den Griechen und nach ihnen den Römern unbegreiflich. So jemand konnte nach römischer Auffassung das nicht freiwillig tun, sondern nur, weil er «der Herrschaft oder Amtsgewalt beraubt» und «einzeln», «abgesondert» von der Bürgerschaft für sich stand: So einer war «privus» oder «privatus» – eben ein Privatmann.

Auch die Griechen hatten für einen, der sich nur für die eigene werte Person interessiert, ein Wort: «Idiot». Ähnlich wie der «Privat»mann leitet er sich von einem Adjektiv «idios» mit der Bedeutung «eigen» her. War der Idiot anfangs nur die Privatperson im Unterschied zu den Staatspersonen wie Rednern, Amtsinhabern und Politikern, so wurde er bald, weil er sich aus allem heraushielt, der Nichtkenner und Laie im Gegensatz zum Sachverständigen und schon im vierten Jahrhundert vor Christus zum Nichtswisser und Nichtskönner, zum Stümper. Auch der scheinbar paradoxe Fachidiot trägt seinen Schimpfnamen zu Recht, denn ein Experte ist er nur in seinem Fach, wo er immer mehr von immer weniger weiß, ein Idiot aber auf allen anderen Gebieten.

Privatmann und Idiot sind Narren auf eigne Hand und scheren sich nicht um Politik, wo man sich mit anderen gemein machen muss. Auch dieses Wort, von dem die Gemeinde (genau wie die lateinische Kommune von «communis») ihren Namen hat, klingt negativ, was nicht von Anfang an so war. Aber das, was vielen gemeinsam ist, kann nicht wertvoll sein, es ist vielmehr alltäglich und gewöhnlich; und je mehr sich die eigene Kultur verfeinert und veredelt, desto roher und niedriger wirkt das Gemeine. Die «Gemeinheit», ursprünglich die «Gemeinsamkeit» und «Gemeinschaft», verkam zur «Niedertracht». Das war im 17. Jahrhundert.

In einem Wort wie «Gemeinwohl» und einer Formulierung wie «Gemeinnutz geht vor Eigennutz» – die zurückgeht auf Montesquieus 1748 in seinem Buch «Vom Geist der Gesetze» erhobene Forderung «Das Wohl des Einzelnen muss dem öffentlichen Wohl weichen» – ist das Gemeine noch positiv zu verstehen. Nichtsdestotrotz hat es eben auch im «Gemeinwohl», «Gemeinnutz» und «Gemeinwesen» einen ironischen Klang bekommen. Das ist schon gemein.

Die Fisimatenten   «Keine Fisimatenten!» befiehlt die Redensart und macht doch selber welche: Zahllose Etymologen und Sprachliebhaber haben sich so phantasievoll wie erfolglos bemüht, den Ursprung der «Fisimatenten» zu erhellen.

So soll die Redensart angeblich auf französische Soldaten zurückgehen, die im Zuge der Revolutionskriege ab 1792 an den Rhein oder später mit Napoleon nach Deutschland kamen. Die französischen Soldaten hätten die braven deutschen Mädchen aufgefordert, sie in ihrem Zeltlager zu besuchen: «Visitez ma tente!» Kommen Sie in mein Zelt! Doch die jungen Frauen verstanden nur «Visimatente»; bzw. die Mütter warnten ihre Töchter: «Mach keine Visimatente!»

Diese Erklärung hat nur den Haken, dass man das französische «tente» anders spricht als schreibt. Vielleicht deshalb kamen findige Forscher auf den Einfall, es könnten spanische Söldner in napoleonischem Dienst gewesen sein – seit 1808 wurde Spanien von Napoleons Bruder Joseph regiert – oder vielleicht schon spanische Landsknechte im Dreißigjährigen Krieg, die dann eben «Visita ma tienda» gesagt hätten.

Auf ein ähnliches Missverständnis stellt eine Erklärung ab, die auf die Zeit der Befreiungskriege gegen Napoleon zurückgreift. Demnach liegt eine Ausrede französischer Kriegsgefangener in Berlin zugrunde. Fragte die Wache die Gefangenen, die Freigang hatten, woher sie so spät zurückkehrten, so hätten die Franzosen geantwortet: «Je vien de visitez ma tante», ich habe meine Tante besucht. Das klingt abwegig, zumal auch hier die französische Aussprache von der deutschen abweicht, doch ein Korn Plausibilität besitzt diese Deutung insofern, als Berlin durch den Zuzug der Hugenotten seit 1685 zeitweise zu mindestens einem Fünftel von Franzosen bevölkert war.

Gleichwohl sind solche Deutungen nur volksetymologische Versuche, um ein unverständliches Wort durch eine sinnige Erklärung durchsichtig zu machen. Akademische etymologische Anstrengungen gab es natürlich auch. Danach seien die Fisimatenten zum Beispiel als ein griechisches «physiomathenta» zu lesen, ein «von der Natur Gelehrtes», das die weniger Gebildeten im Volk nicht recht verstanden und deshalb verballhornt hätten.

Tatsächlich aber sind die Fisimatenten nicht griechisch, sondern lateinisch. Die «visae patentes litterae» waren ein Ausdruck in der Amtssprache des 15. Jahrhunderts; er hat sich im «Visum» und im «Patent» erhalten. Die «visae patentes» waren eine behördliche Genehmigung, eine amtlich bestätigte Urkunde, ein ordnungsgemäß überprüftes Patent. Die Ausfertigung dauerte natürlich; überflüssige Scherereien und unnütze Schwierigkeiten waren mit dem Erwerb der «visepatenten» verbunden, weshalb man diese bald als Synonym für jene verstand.

Dass die «visepatenten» zu den «fisimatenten» wurden, dafür sorgte ein zweites, klangähnliches Wort: die «visamente». So hießen die – oft unverständlichen – Ornamente auf den Wappen. Schon im 16. Jahrhundert meint «fisiment»: bedeutungsloser Zierrat. Hervorgegangen ist das Wort aus dem mittelhochdeutschen «visiren», was «modellieren» bedeutete.

Die Fisimatenten sind also eine Verschmelzung der «visae patentes» mit den «Visamenten». Alle anderen Auslegungen aber sind nur schlau ausgedachtes dummes Zeug – und machen nur Fisimatenten.

Sprachlicher Schnickschnack Wichtige Wörter hat die deutsche Sprache, Wörter wie Gemeindegrundsteuerveranlagung, Haftpflichtversicherungsgesellschaft und Rindfleischetikettierungsüberwachungsaufgabenübertragungsgesetz (ein solches wurde 1999 im Landtag von Mecklenburg-Vorpommern beraten); es gibt tiefe Wörter wie Seinsgrund und Weltschmerz, schöne wie Abendrot und Hufschlag. Aber neben den beeindruckenden Wörtern und der Heerschar derer, die unauffällig ihren Dienst in der Kommunikationsbranche tun, gibt es kuriose Ausdrücke, die überraschend daherkommen wie das «Brimborium» in Goethes «Faust», Vers 2650.

Das sind die Witzfiguren der Muttersprache, die Hajopeis unter den Wörtern, die Schabernack im Sinn haben und mit ihrem Pipifax schwuppdiwupp und bumsfidel für Remmidemmi sorgen. Schon klanglich stehen sie außerhalb der Seriosität – inhaltlich sowieso. Sie benennen, was aus dem Rahmen fällt und nicht ganz ernst genommen werden soll, seien es Sachen wie der Olli und Eumel oder Leute, deren Aussehen, Charakter oder Talente nicht dem allgemeinmenschlichen oder auch nur persönlichen Bild entsprechen: wie all die Dödel und Dösbattel, Doofmutze und Bullewatze, Schussel und Tollpatsche, Nulpen und Knispel, Stiesel und Siftel. Vor allem der Mangel an Grips wird gern humoristisch genommen, denn Dummbacks sind nun mal gaga, plemplem und ballaballa. Der Gehirnausfall kann freilich jeden treffen: Wenn man nämlich, o Schreck, baff ist. Oder nach zu viel Ratzeputz knülle ist.

Was aus dem Rahmen von Anstand und Gesetz herausfällt, wider Vernunft und Verstand ist oder auch nur den gewohnten «Ding-gang» (F. W. Bernstein) stört, wird gern als Kuriosität betrachtet, als Kokolores, Mumpitz, Firlefanz oder Fisimatenten. Allotria macht der Hallodri, statt einem produktiven Tagewerk obzuliegen, und Futzis und Schluris gehen ernsten Leuten mit ihrem nichtigen Blabla und ihrem unklaren Wischiwaschi auf die Glocke und machen Menkenke. Überhaupt bezeichnen kuriose Wörter oft das Nichtige und die Unordnung. Ungeordnete Sachen sind ein Sammelsurium und ein Pallawatsch, und ist der Pofel gänzlich unwichtig, so ist's Krempel, Krimskrams und Schnickschnack. Wo zwischen Menschen etwas nicht in Ordnung ist, gibt es Hickhack und Heckmeck, herr-schen Wirrwarr und Kuddelmuddel.

Wie in den letzten Wörtern tritt oft genug jene nutzlose Lust an Ablaut, Reim und Klangmalerei zutage, die schon die ganze unnütze Lyrik durchzieht, und macht ratzfatz ein sprachliches Rambazamba. Aber so sinnlos ist das gar nicht: Doppelt gemoppelt hält auch die Formulierung besser.

Überhaupt ist dieser ganze sprachliche Quatsch mit Soße eben nicht nur lull und lall oder Pillepalle, sondern sinnvoll und hat sei-nen Platz im Leben. Womöglich taugen der Kiki und Klimbim sogar als Chiffren fürs Menschenleben und Weltgeschehen – denn siehe, was Abraham a Sancta Clara schrieb: «Ein Wax ist die Welt, man truck darein, was man will, so ists doch nichts als Lari fari und Kin-derspiel.» Heidewitzka, Herr Kapitän!

Das *Brimborium* kommt vom französischen Wort für «Kleinigkeiten, Tand», *brimbarion,* und ist verwandt mit dem *Brevier,* das auf ein lateinisches *breviarum* zurückgeht, ein kurzes Verzeichnis. – Ob der *Hajopei* wohl die Kurzform des häufigen Vornamens Hans-Jürgen mit dem englischen «pie» verbandelt und klanglich den von den Beat-les besungenen «honeypie» nachahmt? – Der *Pipifax* verquickt Kindersprache und Plattdeutsch, nämlich das Kinderwort für Urin und die vom niederdeutschen «fickfacken» (hin- und herrennen) abgeleiteten «Faxen» (Possen, Ausflüchte, Streiche). – *Dösbattel* ist entstellt aus dem dösenden (also nicht eben aufgeweckten) Bartholomäus. – *Baff* ist man, wenn es paff gemacht hat. – *Kokolores* geht womöglich auf ein altes österreichisches Glücksspiel zurück, bei dem man nur wenig gewinnen konnte, bei dem also nur Kokolores herauskam. Oder es ist ein Quatschwort nach dem Vorbild des englischen «cockalorum», das den «cock» (Hahn) pseudolateinisch aufplustert, um gelehrten Eindruck zu schinden; als «self-important little man» definiert ihn der Webster. Am ehesten aber ist der Ursprung in deutschen Dialekten zu suchen: einem früheren Dialekt wie dem schlesischen, wo «kokern» für «gackern» steht und «kakeln» für «schwätzen, Unsinn reden», außerdem im Rheinischen, wo «kuckeln» sowohl «gackern» als auch «kichern» bedeutet, und im Badischen, wo der Dummkopf «Gockelore» geschimpft werden kann. – Die *Allotria* bezeichnen auf Griechisch sachfremde, abwegige Dinge, also Ulk und Unfug. – Die *Menkenke* sind berlinerisch und ein Mischmasch aus deutsch «mengen» sowie jiddisch «mechanne sein» (um eine Sache herumreden) und meinen «Schwierigkeiten» und «Durcheinander». Deshalb soll man keine Menkenke machen. – Italienischer Abkunft ist der *Pallawatsch*, der aus einem verballhornten *balordaggine* («Tölpelei») entstand und für Unordnung, Konfusion steht. – Das wilde *Rambazamba* vereint anscheinend die kubanische Rumba und die brasilianische Samba. Oder ob «Rumbullion» (siehe S. 71) und die «Zamba» (Mischling mit indianischem und schwarzafrikanischem Elternteil) eine Rolle spielen? Nicht zu vergessen: 1935 landeten die Lecuono Cuban Boys mit «Rumbah Tambah» einen Welthit. – Der *Quatsch* imitiert das Klatschen und Patschen im Morast und könnte ferner mit dem alt- und mittelhochdeutschen «quat» (Kot, Mist) zu schaffen haben. – Was nichtig ist, ist *lull und lall*: wie Gelalle, das ein*lull*t.

Alles paletti mit den Kinkerlitzchen Ordnung ist das halbe Leben, aber die Unordnung macht auch Spaß und sorgt schon sprachlich für Abwechslung, wenn man sie «Wirrwarr», «Kuddelmuddel» und

«Tohuwabohu» nennt. Letzteres beweist zudem, dass auch die Unordnung nicht von schlechten Eltern ist: Es ist Gottes Wort und steht
gleich im zweiten Vers der Genesis. «(Und die Erde war) wüst und
leer», so übersetzte Luther, was auf Hebräisch «tohu wa-bohu» lautete.

Das Tohuwabohu klingt zwar wie eben ein solches, meinte aber
offenbar etwas anderes: Das Wort hat einen eigentlich unlogischen
Bedeutungswandel durchgemacht, denn wo es nichts gibt, kann es
auch keine Unordnung geben. Erst indem Gott Ordnung schuf, er-
möglichte er auch ihr Gegenteil. Auch die Unordnung kann sich also
auf Gott berufen.

Weniger göttlich als menschlich ist ein Kuddelmuddel. Wahrscheinlich ist es mit den Kuddeln oder Kaldaunen, den scheinbar
unordentlich im Leib herumhängenden Eingeweiden, verwandt und
rührt von den niederdeutschen Worten «koddern» (Schmutzwäsche
machen) und «Modder» (Schmadder, Schmutz, Moder) her.

Etepetete sein darf man bei solchen Schmuddelworten nicht. Hin
und wieder dichtete man ihnen eine vornehme Abstammung an: Die
«Kinkerlitzchen» etwa sollten französische Vorfahren haben: das
Haushaltswarengeschäft, französisch «quincaillerie». Ein wenig trif-
tiger wäre schon die Herkunft von der Konterlitze, einer kleinen
Stechmückenart, die im Sorbischen «Kuntorlica» heißt. Noch näher
aber liegen das mitteldeutsche Dialektwort «ginggeln» («baumeln»)
und die «Litze»: Einen Kopfputz,, der «mit Ginkerlitzgen behan-
gen» war, beschrieb 1775 der «Teutsche Merkur».

Auch «etepetete» soll französische Eltern haben, aber sehr wahrscheinlich stammt es vom plattdeutschen «Öte» oder «ete» ab:
«Etjerpetetjer» sagt man in Schleswig und Holstein, und die Meck-
lenburger bezeichnen mit «Ötigkeit» ein geziertes Wesen. Die Silben-
streckung zu «etepetete» ist bloßer Spaß an der Freud wie in den
Worten «igittigitt», «eiapopeia» und «holterdipolter».

Eine andere Ursache hat der Gleichklang in dem scheinbar jungen, unwichtiges Zeugs oder läppisches Gerede brandmarkenden
Wort «Pillepalle», das indes sehr alte Eltern hat. Es stammt von der
hebräischen Bezeichnung für Pfeffer ab, «pilpul», jiddisch: «pilpel».
Mit diesem Ausdruck bedachte man eine kluge Auslegung der Bibel

oder des Talmud. Würzte man seine Analyse aber mit übertrieben viel Scharfsinn, so wurde sie unbrauchbar, nutzlos, kurz: Sie war Pillepalle. Im Plattdeutschen muss das Wort schon früh Wurzeln geschlagen haben, weil es da nicht nur das Verb «pillern» (faseln, plappern) gibt, sondern sogar schon die Verdoppelmoppelung «pill-pallen».

Bei «Pillepalle», «etepetete» und «holterdipolter», beim «Kuddelmuddel» und beim «Wirrwarr» sorgen Stab- bzw. Binnenreim für guten Klang und verschönern das Durcheinander verbal. Aus dem Reich des Wohlklangs, der Musik, stammen überhaupt einige kuriose Wörter. Der klimpernde und bimmelnde «Klimbim» meinte vor hundert Jahren «schlechte Musik», später jede Art Lärm, dann – weil meist viel Lärm um nichts gemacht wird – unechte Pracht, schließlich: überflüssiges Beiwerk. Auch im «Larifari» ist Musike drin, die italienischen Tonbezeichnungen la, re und fa. Schon im 15. Jahrhundert wurden damit bloßes Geträller und nichtiger Singsang bezeichnet. Heute würde man «Schubidubidu» sagen bzw. singen.

Singen ist das eine; das andere ist Tanzen. Damit hat der Firlefanz zu tun. «Virelai» hieß im frühen Mittelalter ein französischer Ringeltanz, der als «Virleitanz» nach Deutschland kam. Die feineren Leute verachteten diesen Bauerntanz und verknuddelten aus Spottlust den Namen: Luther kennt das Verb «firlefanzen» im Sinn von «närrisch sein». Weniger alt ist der Mumpitz, der 1870 in der Berliner Börse aufkam und ein erschreckendes, schwindelhaftes Gerede, ein schlimmes, unsinniges Gerücht bezeichnete. Der Mombotz, eine hessische Schreckgestalt, ist wortgeschichtlich sein Vater, und zu seiner Verwandtschaft zählen das Vermummen (die Mumme ist eine Maske) und der «butze», ein mittelalterliches Wort für den Kobold. Im Bi-Ba-Butzemann lebt er als Kinderschreck weiter.

Manche Wörter indes lassen sich nicht mit allem Pipapo erklären – wie genau dieses. Wahrscheinlich rührt es vom Kürzel «p.p.» her wie in «et cetera p.p.», wobei die Verquatschung zum Pipapo von jenem Spieltrieb zeugt, der auch Ablautreihen wie ri-ra-rutsch oder Lirum-Larum-Löffelstiel hervorbrachte. Das «p.p.» ist Latein: Ausgeschrieben heißt es «praemissis praemittendis», auf Amtsdeutsch: «nach Vorausschickung des Vorauszuschickenden». Eigentlich musste in einem Brief der Adressat mit allen Titeln angeredet werden, doch bei einem Rundschreiben war das unmöglich. Also tat man nur so, als ob, und behalf sich mit der Formel «p.p.», unter der sich jeder Adressat das Seine denken konnte. Das simple «p.p.» war so gut wie die vollständige Titelliste mit allem Pipapo.

Alles paletti? Dieser Ausdruck hat nichts mit den Paletten im Lagerhaus zu tun, sondern stammt aus der Welt der Schausteller. Wenn der Wanderzirkus sein Zelt aufschlägt, verankert er es im Erdboden mit Heringen, Pflöcken, Pfosten: Pflock heißt italienisch «paletto». Erst wenn alle «paletti», so der Plural, in den Boden gerammt sind und das Zelt aufgespannt ist, geht der Zirkus los.

Mit dem hebräischen «palet», das heißt «gerettet, bewahrt», hat der Ausdruck «alles paletti» hingegen keine Berührung. Wohl aber hat hierin die Pleite ihre sprachliche Herkunft: Jüdische Kaufleute, die durch Flucht ihren Gläubigern entwischten, beim Bankrott ihr persönliches Hab und Gut retten konnten bzw. ihren Laden rechtzeitig dichtmachten, bevor man sie wegen Zahlungsunfähigkeit in Schuldhaft gesteckt hätte, waren «palet». Die hebräische «peleta», jiddisch «pleto», war auf Deutsch ihre Rettung, ihr Entrinnen aus der Notlage: So hat auch die Pleite ihr Gutes, und mit ihr ist alles paletti.

Die Pappenheimer waren nicht von Pappe So ähnlich Pappe und Papier sind, sprachlich haben sie nichts miteinander zu tun. Das Papier verdankt seinen Namen der am Nil wachsenden Papyrusstaude, aus dessen Bast es gewonnen wurde: «pa-per-aa» nannten die Ägypter den Papyrus, was «zum Pharao gehörig» bedeutet und darauf hinweist, dass Papier kostbar und seine Herstellung ein königliches Monopol war. Die Pappe hat mit dem Pharao nichts zu tun – wohl aber mit dem Vater: «Papa» ebenso wie «papp» und «Pappe» sind kindliche Lallworte. Auch das «Papperlapapp!» hat seinen Grund im Stammeln des Kindes, das damit barsch zum Schweigen gebracht wird.

Ob Kind oder Erwachsener, schweigen muss auch, wer den Mund

voll hat, sonst fiele das Essen raus: Deshalb kann, wer restlos satt ist und sich bis zum Platzen gefüllt hat, auch nicht mehr «papp» sagen. Auch das Kleinkind kann nicht mehr papp sagen, wenn es zu viel Papp gegessen hat, was ein über Sprachgrenzen hinaus bekanntes Lallwort für den Brei, besonders den Kinderbrei ist: Auch die kleinen Lateiner sagten «pappa» zu ihrer Pampe und ahmten so die beim Essen entstehenden Lippenlaute nach.

Der Papp ist zum Päppeln da – und zum Kleben. Weil er ein Brei ist, ähnelt er jener Kleistermasse, die der Buchbinder anrührt, um Papierschichten zu Pappe zusammenzukleben und als Buchdeckel zu verwenden. Auf diese Weise hat also die Pappe mit dem Papier zwar nicht sprachlich, aber sachlich etwas gemein.

Dass Ausdrücke für Leute, die man nicht für voll nehmen muss, wie der Pappkamerad – ursprünglich die für Schießübungen verwendete Pappfigur – und die Pappnase (die eigentlich zur Kostümierung zum Beispiel im Karneval dient) ohne die papierähnliche Substanz nicht hätten geprägt werden können, leuchtet ein. Nichts gemein mit der Pappe hat hingegen der Pappenstiel. Möglich, dass der «Pappelstiel» hineinspielte, denn ein Werkzeugstiel aus dem weichen Pappelholz taugt nichts; gemeint ist aber der wenig wertvolle Stängel des massenhaft verbreiteten und deshalb gering geachteten Löwenzahns, den man auch «Pfaffenblume» nennt und der niederländisch «papenblome» heißt. Diesen Namen hat sie vom weißen Samenstand des Löwenzahns: Schon die Römer nannten «pappus» nicht nur den weißhaarigen Großvater, sondern auch die Haarkrone der Pusteblume.

Ebenfalls nicht von Pappe waren die Pappenheimer. Sie waren das Kürassierregiment des Gottfried Heinrich Graf zu Pappenheim, das im Dreißigjährigen Krieg mitfocht. «Daran erkenn ich meine Pappenheimer», sagt Wallenstein zu ihnen im dritten Aufzug von Schillers Drama über «Wallensteins Tod», weil die Pappenheimer treu zu ihm stehen, während andere Regimenter sich auf kaiserlichen Befehl von Wallenstein als einem Landesverräter abwenden.

Wallenstein freut sich an seinen Pappenheimern. Heute meint man die Redensart eher skeptisch: Man weiß, woran man mit jemandem ist, und kennt seine Schwächen. Dieses Verständnis ist auch richtig.

Tatsächlich waren die Soldaten des Grafen zu Pappenheim nämlich furchterregende Raubeine und Haudraufs und erlangten traurige Berühmtheit, als sie bei der Eroberung Magdeburgs 1631 unter Tilly grausam in der Stadt wüteten. Seither kennt man die Pappenheimer.

MeckPomm ist hip Wir mögen es nicht bloß, wir lieben es. Denn das neue Styling der deutschen Sprache macht total happy. Oder ist Neudeutsch nicht Ihr Ding? Macht es Ihnen keine guten Vibrations, wenn zum Beispiel der altbewährte Liebhaber zum neudeutschen Lover geworden ist, den frau sich reinzieht?

Dann wird es Sie erst recht abtörnen, wenn Sie erfahren, dass selbst manches, was wie Made in Germany klingt, seine Lizenz aus den Staaten hat. Das Amerikanische dominiert nämlich das Deutsche schon mehr, als es das je beherrscht hat, und selbst wenn Sie nur Kaffee kaufen wollen, ist der mal wieder nicht koffeinfrei, sondern einmal mehr (once more) entkoffeiniert (decaffeinated), was nun nicht wirklich (not really) sein muss.

All das hat zwar nicht immer einen Sinn, macht aber welchen, wenn man mit dem Zeitgeist surfen will und neue, vor allem also angelsächsische Trends zwar nicht als ein Muss betrachtet, aber als ein Must akzeptiert. Wirtschaft, nein: Business, Technik, nein: Technologie, Freizeitindustrie und Reklame sind scheinbar international und in Wahrheit also US-amerikanisch geprägt. Es regieren der hektische Drang nach Neuem (Verkauf wird Marketing wird Merchandising), die Lust an der Übertreibung (aber absolut), der Zwang, sich von der Masse abzuheben, etwas herzumachen und das Gewöhnliche zum Event aufzubauschen, ja hochzupushen, und fertig ist der Film-Film auf Sat-Sat 1–1 am Freitag-Freitag. Was wäre das Sein ohne den Schein? Indes, um Kurt Tucholsky zu zitieren, man kann einen Hintern schminken, wie man will, es wird kein Gesicht daraus.

Rasant wandelt sich die Sprache. Schon ist «in» wieder out, wer up to date sein will, muss «hip» sagen; «up to date» selbst aber ist supermega-out. Der Drang zur schnellen Kürze gebiert auch schöpferische Lösungen: Aus dem norddeutsch langsamen «Mecklenburg-Vorpommern» wurde das neudeutsch knappe «MeckPomm».

Sprache ist ein Spiegel der Gesellschaft, ihrer Geschichte, Werte, Wünsche, Ideale und Illusionen. Wenn die Veränderung der Sprache so schnell geht wie gegenwärtig, so heißt das auch, dass die in der Sprache mitüberlieferten alten Werte und Sichtweisen – sei's anscheinend oder nur scheinbar – nicht mehr taugen.

Neue Sachen, Verhältnisse und Denkweisen brauchen neue Worte; Neuerungen satt gibt es zudem adjektivtechnisch und satzbaumäßig, und was manchmal klingt, als habe man so was von keine Ahnung, zeugt doch von unbefangener Schöpferkraft und ist voll der Hammer. Wieder wirkt das amerikanische Vorbild mit, etwa in Gestalt der «Geld-zurück-Garantie» (money-back-guarantee) – und auch hier sind die Amerikanismen dem Deutschen, das ohnehin Bindestrich-Wörter kennt, eigentlich gar nicht fremd.

Auch in der Sprache wäre ja Rassereinheit so ziemlich das Hinterletzte. Warum also nicht von den USA lernen, denn, so sagen sich wohl viele Guys, von Amerika lernen heißt siegen lernen – zumal man im internationalen Wettbewerb und im allgemeinen Rat-Race ganz besonders tough wie Kruppstahl und fit wie ein Windhund sein muss.

Nur mit den neuen Denkweisen sollte man es nicht allzu genau nehmen, denn wahrscheinlich ist das Neudeutsche eine sicher irgendwie nicht so präzise Sprache. Vielmehr wirkt bei ihr manches ein bisschen beliebig, oder so. Aber dafür muss man eben beim Reden nicht so viel den Grips strapazieren bzw. den Hirni oder gar Brainie raushängen lassen. Hauptsache, man hat vom geilen Feeling her ein gutes Gefühl.

«Die bedeckten Goldschachten altdeutscher Sprachschätze» Manchmal lohnt es sich, dem auch in der Sprache waltenden *Wandel* mit *Besonnenheit* zu trotzen und eine *Unzahl* vergessener Wörter wiederzubeleben. Genau dies gelang Gotthold Ephraim Lessing, als er im Verein mit Carl Wilhelm Ramler die Epigramme des Barockdichters Friedrich von Logau im Jahr 1759 neu herausgab und in einem «Vorbericht zur Sprache des Logau» jene veralteten Wörter sammelte, die er einer Wiederbelebung für wert erachtete: Neben den genannten zum Beispiel *torkeln, ernüchtern, erkunden, kosen, entjungfern, nuscheln, Städter* und manches mehr – dank Lessing kann der Liebhaber und Feinschmecker der Sprache darob mit der Zunge *schnalzen.*

In 1000 Jahren verliert eine Sprache ein Fünftel ihres Wortschatzes von anno dazumal – aber noch viel mehr Wörter kommen hinzu. Nur 20000 Vokabeln umfasste das Vokabularium des Althochdeutschen, das des heutigen Deutsch soll zwanzigmal größer sein. Im Wortschatz, den alle kulturellen Veränderungen unmittelbar berühren, herrscht ein Kommen und Gehen. Alte Wörter werden ausgemustert oder den neuen Bedürfnissen angepasst und umgemodelt, neue Wörter für neue Dinge oder Denkweisen werden erfunden oder anderswo billig angeworben. Dass vieles Alte ausstirbt, ist in der Regel auch nicht schlimm – niemand vermisst die vor 1000 Jahren im Zuge der Christianisierung ausrangierten Wörter aus dem germanischen Kultus wie *harug* (Opferstätte), *gelph* (kultische Lustbarkeit) oder *luppi* (Zauberkraut), Esoteriker vielleicht ausgenommen.

Doch schon Gottfried Wilhelm Leibniz riet, die Sprache «durch Aufsuchung guter Wörter» zu erneuern, «die schon vorhanden, aber itzo fast verlassen, mithin zu rechter Zeit nicht beyfallen, wie auch ferner durch Wiederbringung alter verlegener Worte, so von besonderer Güte.» In der Folge hatten viele Dichter *Aufacht* auf abgestorbenes Wortgut, trachteten, den Wortschatz auch durch einheimische statt nur *ausheimische* Vokabeln *fürbass* (weiter, vorwärts) aufzufrischen. «Wollte man die bedeckten Goldschachten altdeutscher Sprachschätze wieder öffnen: so könnte man z. B. aus Fischarts Werken allein ein Wörterbuch erheben. Ein frommer Wunsch wär' es – und doch zu erfüllen –, ein bloßes Wörterbuch aller seit einigen Jahrhunderten ergrauten Wörter zu bekommen, von welchen wir keine ähnlichen stammhaltigen Enkel haben. Ja, jedes Jahrhundert könnte sein besonderes Scheintoten-Register oder Wörterbuch dieser Art erhalten. Wollen wir Deutschen uns doch recht der Freiheit erfreuen, veraltete Wörter zu verjüngen», begehrte Jean Paul in seiner «Vorschule der Ästhetik».

Manchmal *restet* tatsächlich ein mit solcher Mühe neu belebtes Wort über die Zeiten hinweg. Aber selbst Lessing glückte nicht jeder

Reanimationsversuch, wie die allenfalls noch spaßeshalber benutzbaren Worte *selbander* (zu zweit) oder *höchlich* zeigen. Manche halten sich allenfalls in der Poesie über Wasser, wie *gülden* und *Glast* (Glanz). Bei anderen spürt man, dass sie kränkeln und vielleicht zum zweiten Mal sterben werden: Lessings *bieder* zum Beispiel, das ebenso eine unzeitgemäße Charaktereigenschaft bezeichnet wie Christoph Martin Wielands *Königtum* eine überholte Regierungsform.

Oft erweist sich eine Ausgrabung als *Abgängling*, als Totgeburt. So sind viele Wörter aus dem 18. Jahrhundert kaum mit neuem Leben zu begaben: Etwa die alberne *Uchse* (Achselhöhle), das umständliche *dannenhero* (daher), die missverständliche *Ungeberde* (Grimasse), das unverständliche *doppelherzig* (was überraschenderweise «falsch» bedeutet, also «doppelzüngig»). Allenfalls unser «deplaciert» könnte vielleicht durch ein Goethesches *am Unort* variiert werden, auf das der Schriftsteller Franz Carl Weiskopf vor gut 60 Jahren bei einer, wie er es nannte, «Wortschatzgräberei» stieß. Allerdings scheint niemand in all den Jahren diesem Vorschlag gefolgt zu sein, ebenso wenig wie seinem Hinweis auf den *Beigast*, den «ungeladenen, unvermutet kommenden Gast»; vielleicht taugt das Wort mehr, wenn man seine Bedeutung weiter eingrenzt und es nur zur Bezeichnung der von einem eingeladenen Gast mitgebrachten Person verwendet. Ebenso folgenlos blieb schließlich der schon von Lessing gegebene und von Weiskopf erneuerte Rat, «das eitle und fruchtlose Bestreben» durch ein vorangestelltes «gerne» auszudrücken analog zu «Gernegroß», also etwa *gerneklug* und *gernefein*. Den *Gernekünstler* könnte man ergänzen.

Der träfe womöglich Weiskopf selbst, denn die meisten seiner Renovierungsversuche wirken wie eitles und fruchtloses Bestreben. Analog zu Fischarts *türkenzen* (sich wie ein Türke benehmen) will er das Nachgeben gegen die *bösgierig* (nämlich noch böser als «boshaft») im braven Deutschen «wuchernden Amerikanisierungstendenzen» als *amerikanzen* brandmarken, doch verglichen mit dem «Überhandnehmen solcher Ausdrücke wie *trend, job, test*», ist seine Ausgrabung von *Störnis, sträubig, Vergebsamkeit* oder *tulich* nur eine Störnis ihrer Friedhofsruhe. Anders als diese toten Wörter sind die dringend benötigten Amerikanismen deshalb noch immer am Leben.

Was lebt und was zugrunde geht, lässt sich halt nicht planen. Die Leute lassen sich nicht auf einen bestimmten Wortgebrauch *drillen* (was abermals ein Lessing'scher Fund ist).

Verbale Internationalismen Ohne Ausländer bräche die deutsche Wirtschaft zusammen und ohne Fremdwörter die Kommunikation. Würde man sogar die Dinge abschaffen, die mit den fremden Bezeichnungen kamen, so könnten wir zurück zur Natur kehren und wieder auf die Bäume klettern. Unsere Wohnungen hätten keine Fenster und nicht einmal Mauern, denn die brachten uns erst die Römer als *fenestra* bzw. *murus*. Wir säßen nicht mehr am Tisch, sondern müssten vom Boden essen, denn der Tisch kam als lateinischer *discus* zu uns, den die Römer ihrerseits von den Griechen übernommen hatten. Wir könnten nicht mehr schreiben, was auf Lateinisch *scribere* gründet, und dichten – lateinisch *dictare*.

Offenbar gab es schon in der Antike eine Invasion lateinischer Wörter ähnlich der heutigen englischen Welle; aber die deutsche Sprache mit ihrem großen Bauch vermochte das Fremde aufzunehmen, ohne dass ihr (oder sie) schlecht wurde. «Die Gewalt einer Sprache ist nicht, dass sie das Fremde abweis't, sondern dass sie es verschlingt», schrieb Goethe.

Das Deutsche in der Mitte Europas hatte immer vielfältige Kontakte zu anderen Sprachen, und schon 1571 erschien ein «Teutscher Dictionarius» mit etwa 2000 Fremdwörtern. Heute zählt «Das Fremdwörterbuch» des Duden rund 50000 Einträge und erfasst doch den fremden Bestand nichts weniger als vollständig.

In den Fremdwörtern spiegeln sich die Kulturströme, die den deutschsprachigen Raum erfasst haben. Bereits die Germanen übernahmen von den kulturell überlegenen Römern zusammen mit neuen Sachen die zugehörigen Worte; später kamen aus Italien Begriffe aus dem Bankwesen wie das *Konto* und aus der Musik wie das *Piano*, aus Frankreich Worte für das Gesellschaftsleben wie die *Etikette* und das *Renommee*, die Angelsachsen beglücken uns mit *Rap*,

Beachvolleyball, dem *Internet,* dem Reklame-*Spot,* dem *Broker* und wie die *Shootingstars* aus *Entertainment* und *Lifestyle,* aber auch aus Wirtschaft und Technik alle heißen. Zudem bilden Latein und Griechisch nach wie vor ein großes Reservoir für *Neologismen* vor allem in der Wissenschaft, indem man den alten Wörtern nach Gutdünken eine aktuelle Bedeutung überstülpt oder aus alten Formen neue ableitet wie das *Studio* und das *Telefon;* nichts anderes tun die Amerikaner, wenn sie den *Computer* und den *Cyberspace* erfinden und weltweit etablieren. Vielleicht hätten deutschsprachige Techniker Letzteren unter Zuhilfenahme des Griechischen «Hyperraum» getauft, doch wahrscheinlich ist das nicht, denn auch das Englische ist inzwischen zu einem großen Sprachbassin geworden, aus dem Leute anderer Muttersprache nach Belieben das irgendwie Passende erangeln und erstaunlicherweise sogar Fische fangen wie das *Handy,* das es im Englischen nicht gibt. Dort heißt es *mobile.* Ist das *Handy* also überhaupt ein Fremdwort oder ein mit englischem *support* gebildetes deutsches Wort? Die gleiche Frage kann man in Betreff *Oldtimer* stellen (englisch «old-timer», der alte Hase) oder in Sachen *Smoking* (jenseits des Kanals tatsächlich nur als das Partizip Präsens von «to smoke», rauchen, bekannt). Andere Wörter sind im Englischen schlicht nicht vorhanden: der *Twen* (englisch: «person in their twenties»), der *Pullunder* (englisch: «tank top»), der *Dressman* (englisch: «male model») und der *Showmaster* (britisches Englisch: «compère», amerikanisches Englisch: «master of ceremonies»).

Auch weniger geläufige Sprachen bereichern das Deutsche: Der *Admiral* ist arabisch ebenso wie die *Karaffe* und die durch die modernen Zuwanderer ins Land gekommene Beschwörungsformel *wallah,* wörtlich: «bei Gott», besser aber durch «ich schwör'» wiederzugeben in Sätzen wie «Der Film war voll gut, wallah!». Die *Sauna* ist finnisch, der *Gong* kommt aus Java und der *Bonze* aus Japan. *Amok* ist malaiisch, die *Schokolade* aztekisch, *Naphta* assyrisch; *Flanell* walisisch, während *Anorak* und *Parka* aus dem Inuktituk stammen (besser bekannt als Sprache der Eskimos). *Pistole* und *Roboter* sind tschechisch, der *Kommissar* russisch, und aus dem Bosnischen ist jüngst der *Babo* nach Deutschland gekommen, was ursprünglich den Vater und heute eine Respektsperson bezeichnet. Den antiken

Kelten verdanken wir die *Barden*, während das mittelalterliche Persien *Schach* und *Basar* zu uns brachte und durch türkische Vermittlung den *Kiosk*; die Türken selbst schenkten uns den *Joghurt*, die Ungarn das *Gulasch* und den *Dolmetscher*, die Chinesen den *Tee*. Just aus dem eigenartigen Baskischen kommt *bizarr*. Es herrscht schier ein (hebräisches) *Tohuwabohu* an Fremdwörtern im Deutschen, aber zugleich merkt man: Vieles ist gar nicht mehr fremd, ebenso wenig wie das *Büro*, die *Maschine*, die *Post*, das *Kino*, die *Natur*, *interessieren*, *egal*, *kaputt* usw. usf. *et cetera pp.* Einen solchen *Tsunami* (japanisch) an nützlichen Wörtern kann man nur mit einem kräftigen *Hurra!* (türkisch) willkommen heißen.

Gewiss werden mit jeder Fremdwortwelle neben den zahlreichen notwendigen auch viele unnötige *verbale Internationalismen* angeschwemmt, deren man sich aus Wichtigtuerei, Mitläufertum oder Gedankenlosigkeit bedient; im 17. und 18. Jahrhundert war Französisches *à la mode*, seither ist Englisches bzw. US-Amerikanisches *trendy*. Sicher ist manches nur erfolgreich, weil der Nimbus, aus den *States* zu kommen oder wenigstens einen englischen Namen zu tragen, es umgibt und Wort samt Sache zum *Highlight* und *Eyecatcher* hochmogelt, obwohl sie womöglich weder einen Höhepunkt darstellen noch ein Blickfang sind.

Doch ebenso gewiss kann selbst ein scheinbar überflüssiges Fremdwort neue Bedeutungsnuancen erschließen und z.B. einen Gefühlswert ausdrücken: Eine *Fete* ist ein Fest und wird doch anders empfunden. Das Fremdwort kann *präziser* und *exakter* sein als nur genau. Das Fremdwort ist kürzer, wie der *Jeep* im Vergleich zum Geländewagen. Das Fremdwort ist bequem: Etwas kann ein Einfall sein, ein Gedanke, eine Absicht, eine Ahnung, eine Kleinigkeit und was noch alles – für all das genügt eine simple *Idee*, z.B. eine «Idee Salz». Und manche Fremdwörter sind echte Kosmopoliten und hilfreich im Ausland, wo man schnell das «teatro» oder das «muzeum» findet.

Was aber die tatsächlich unnötigen Wörter betrifft, so kann man optimistisch sein: Was eine Sprache nicht braucht, das scheidet sie irgendwann wieder aus. Auch die gefräßige deutsche Sprache ist da nicht anders. In keinem Park gibt es noch das vor hundert Jahren häufige *Bowling-green*, es gibt nur noch Rasen oder Wiesen; der erstmals in den 20er Jahren für Aufregung sorgende *Sex-Appeal* hat seinen Reiz verloren; inzwischen beginnt schon das seit den 70er Jahren populäre *Festival* zu riechen.

Oder die Sprache macht etwas Neues und Eigenes daraus: Die *Praline* meint in der französischen Ausgangssprache nur eine «gebrannte Mandel» (wer in Frankreich eine Praline will, muss um ein «bonbon au chocolat» bitten); das *Raffinement* wurde in eine deutsche Raffinesse verwandelt; das *Trottoir* ist längst ein Bürgersteig, das *Coupé* ein Abteil.

Deutsche Fremdwörter Viele Deutschen klagen über die englische Fremdwortschwemme. Die wenigsten wissen, dass es auch deutsche Fremdwörter im Englischen gibt, und zwar nicht nur *weltanschauung, kindergarten* und *angst*. Man kann auch *kunstforschung* treiben, einen *bildungsroman* lesen, eine *abendmusik* hören und über das *wunderkind* in *schwarmerei* geraten, obwohl es vielleicht nur *schmalzy* irgendeinen *kitsch* zum Besten gibt. Wer *sitzfleisch* hat, macht bei *kaffee klatschs* mit, trinkt *gluhwein*, verspeist *lebkuchen* und eine *pretzel* und ist *frohlich* und *lustig*, und sei's aus *schadenfreude*; andere lassen ihrer *wanderlust* freien Lauf, schnallen sich den *rucksack* um und nehmen sich zur Stärkung *pumpernickel, knackwurst* und *lagerbeer* mit. Die *zeitnot*, vor rund hundert Jahren im Schach mit der Einführung fester Bedenkzeiten für die Spieler entstanden, und der ebenfalls aus dem königlichen Spiel stammende *zugzwang* haben im Englischen und darüber hinaus in vielen anderen europäischen Sprachen das Bürgerrecht erworben; ähnlich der Blitzkrieg, den die Angelsachsen *blitz*, die Russen *blizkrig* und die Schweden *blixtkrig* nennen.

Auch die Franzosen reden Deutsch, wenn sie *crac* (Krach) machen, weil sie ihre Sprache vom Englischen bedroht fühlen. Sie spielen *handball*, trinken danach vielleicht ein *bock*(-Bier), essen *quenelle* (Knödel) oder eine *quiche* lorraine, die ohne das schwäbische «Küchle» anders hieße, und diskutieren über *realpolitik*.

Überhaupt scheint deutsches Essen und Trinken ein Exportschlager zu sein, wie französisches *bière* und italienisches *birra* oder auch türkisches *sinitzel* zeigen. Letzteres schätzen auch die Japaner als *wina-shunittseru*, die außerdem *kaffepaussi* machen und etwas so Exotisches wie *bamukuhen* (Baumkuchen) essen. Manchmal wird der sprachliche Austausch sogar zum richtigen Import-Export-Geschäft. Die ins Deutsche eingemeindete *Folklore* ist die 1846 erstmals belegte englische Übersetzung der deutschen «Volkskunde». Der französische *Salon* und der amerikanische *Saloon* stammen vom «Saal» ab wie der *Waggon* vom «Wagen» und der *Balkon* vom «Balken». Besonderes internationales Flair hat das *Bordell*: Die deutsche Sprache hat dieses Wort über niederländische Vermittlung («bordeel») aus den romanischen Sprachen übernommen (französisch «bordel», italienisch «bordello»), die es aus dem altfranzösischen «borde» (die Hütte, der Bauernhof) gebildet haben – und die wiederum stammt vom «bord» ab, dem althochdeutschen Wort für Brett, Tisch, Bank.

Wörter verändern bei ihrer Wanderung durch die Sprachen ihren Klang: Nur Fachleute hören aus der französischen *valise* (deutsch: Koffer) noch das altertümliche «Felleisen» heraus, das Wort für einen Rucksack mit Eisenbeschlägen, einen Tornister. Andere Wörter erhalten eine neue Bedeutung: Der norwegische *absacker* bedeutet «Nachspiel», das japanische *arubeitu* einen Studentenjob, und das französische *vasistas* ist keine Frage, sondern die Bezeichnung für das Oberlicht eines Fensters oder die Lüftungsklappe einer Tür. Angeblich soll ein deutscher Frankreichbesucher, der das nicht von zu Hause kannte, fragend darauf gedeutet haben – und die Franzosen, die selber kein eigenes Wort dafür hatten, glaubten, «Was ist das?» sei die deutsche Bezeichnung. Andere Wörter verändern Sinn, Klang und Gestalt: Das Verb «glitschen» ist deutsch, den *glitch* aber gibt es nur im Englischen, wo er einen Ausrutscher und insbesondere eine Computerstörung bezeichnet.

Es gibt also, wenn man den deutschen Einfluss auf andere Sprachen kennt, keinen Grund zum deutschen wie englischen *katzenjammer*. Gewiss hatte das Deutsche vor hundert Jahren mehr Einfluss als heute. Damals war es nach Englisch und Französisch die dritte Weltsprache, der Einfluss reichte bis nach Ost- und Südwestafrika und in die Südsee. Im Suaheli können deshalb Dinge *kaputti* sein. Im Dialekt eines der Herero-Stämme im modernen Namibia geht man noch heute ins *ombete* (Bett) oder laboriert an einem *okahinauke* (Hühnerauge); jene Weißen aber, die Afrikaans sprechen, nennen den ungeduldigen Deutschen neckisch einen *Aberjetze*. (Bei der Gelegenheit ein kleiner Einschub: Finnen meiden den *Besservisseri* …) Im Pidgin von Papua-Neuguinea, dessen nordöstlicher Teil einst ebenfalls deutsche Kolonie war, nimmt man noch heute einen *hobel* zum Glätten, *laim* zum Kleben, kneift mit der *sange*, schiebt eine *subkar* und grüßt mit *grisgot*. In manchen Worten wie *strafe* und *raus* spürt man noch die deutsche Herrengesinnung gegenüber den Eingeborenen, die freilich manche sprachlichen Relikte der Kolonialära zeitgemäß umgedeutet haben: *Rausim* ist entstanden aus «Schmeiß ihn raus», meint aber heute nurmehr «Nimm's weg» oder «Räum's ab».

Die tiefsten Spuren hat das Deutsche in Osteuropa hinterlassen. In der Sprache machen nicht nur die deutschen, sondern auch die tschechischen Geschäftsleute *kšefty* – auch wenn sie sich manchmal als *švindl* entpuppen. Slowaken können ein *sitz-bath* nehmen und benutzen ein Alphabet, das auch das ä und das ü kennt. In einem polnisch-deutschen Wörterbuch schlägt man bloß eine Seite auf und findet *szpic* (Spitze), *sztab*, *sztorm* (Sturm) und *sztych* (Kupferstich), *szpachlowac* (spachteln) und *szturmowac* (stürmen).

In Russland waren einst als *forpost* der Zivilisation viele Deutsche, nachdem sie den *schlagbaum* an der Grenze passiert hatten, als *gastarbeiter* tätig, etwa als *burmistr* (als Meister der Bauern, also Gutsverwalter) oder als Gründer einer *sperbank* (Sparkasse). Sie standen als *buchgalter* (denn ein h gibt es im russischen Alphabet nicht) am *pult*, aßen in der *pausa* ein *butterbrot*, besuchten am Wochenende den *jarmarka* und verlustierten sich im Sommer als *kurortniki*. Deutschen Ursprungs sind viele Vokabeln im Militär: Die Generäle beratschlagen im *schtab-kwartir*, aber verraten den einfachen Soldaten die *Marschrut* nicht. Wem das nicht passt und gar die Bedienung der *gaubica* (Haubitze) verweigert, darf *Schpizruteny* laufen. Bis Mitte des 19. Jahrhunderts war der Zustrom an deutschen Wörtern groß. Gänzlich versiegt ist er bis heute nicht, wovon nicht nur der *Bundi* zeugt, der Westdeutsche aus der Zeit des Kalten Krieges, sondern auch der *gruppenseks*.

Auch das Estnische und das Ungarische sind reich an deutscher Importware. In Estland haben deutsche Handwerker und Kleriker Wörter wie *haamer* und *saag*, *kloster* und *ingel* (Engel) eingeführt. Im Ungarischen ruft der Offizier *Marsch!* und *Hapták!* (Habt acht!); er erhält seinen *zsold*, bis er seinen *obsit* nimmt, seinen Abschied (das ungarische s wird wie sch gesprochen, das sz wie ß). Aber man kann auch *beamter* sein, *suszter* oder *pék* (Bäcker), vergnügt sich in der Freizeit im *kávéház* (Kaffeehaus), auf dem *vurstli* (Wurstelprater) oder beim *tánc* und drückt dem *bakfis* oder der *dáma* beim *valcer* ein *puszi* auf. Man nimmt morgens das *fölöstök* (Frühstück) ein, isst mittags *nudli* und abends *smarni* (Schmarrn) und kann Speisen *resztel* (rösten) oder *dinsztel* (dünsten), außer natürlich den *kuglóf*, den Gugelhupf. Sogar ein beliebtes deutsches Schimpfwort kennen die Ungarn – als drolliges *arsloki*. Muss das sein? *Muszaj!*

Doch bevor es noch ärger wird: *Slussz!*

Berlin – Schimpfonie einer Großstadt Die Schwaben gelten als fleißig und bieder, die Bayern als derb und direkt, die Rheinländer als fröhlich, die Norddeutschen als ruhig und wortkarg – und die Berliner als schlagfertig und großmäulig: «Uns kann keener – und im Ernstfall könn' se uns alle!» Berühmt, berüchtigt und gefürchtet ist die «Berliner Schnauze». Schon Goethe war sie bekannt. «Es lebt aber, wie ich an allem merke, dort ein so verwegener Menschenschlag beisammen, daß man mit der Delikatesse nicht weit reicht, sondern daß man Haare auf den Zähnen haben und mitunter etwas grob sein muß, um sich über Wasser zu halten», äußerte er 1823 gegenüber seinem Eckermann, als die Rede auf Berlin kam.

Hemdsärmelig und raubeinig wollen die Berliner sein, und kommt man ihnen dumm, so kommen sie einem noch viel *dummer*: «Sie denken woll, Sie sind 'n Affe, und ick bin jarnischt?» Wer kein flinkes Mundwerk hat und nicht ähnlich fix ist, kann sich in diesem Klima *nicht mit Ruhm bekleckern*, sondern hat sich *Noblenz Koblenz* und *mit eener Wuppdiziteet von nullkommanischt* blamiert, ja *blamoren.* Berliner müssen halt *helle* sein, und eines ihrer Sprichwörter lautet: «Der Mensch kann noch so dämlich sein, er muss sich bloß zu helfen wissen.» Doch selbst wenn das nicht mehr geht, kann sich der *Baffze*, der Dummkopf, noch mit einem Scherz über seine Lage hinwegsetzen: «Wie man's macht, is's falsch, und macht man's falsch, is's ooch nich richtig.»

Es ist die Frage, ob die wirklichen Einwohner von Deutschlands größter Provinzstadt heute tatsächlich noch über den Mutterwitz und jene sagenumwobene Schlagfertigkeit verfügen, die man ihnen nachsagt. Dass es früher so war, ist unbestritten und nicht zuletzt den Hugenotten, die nach dem Edikt von Potsdam 1685 aus Frankreich geholt wurden, und den Juden zu verdanken. Beide haben das Berlinische mitgeprägt: *Bammel*, *Schlamassel*, *Tacheles* sind ebenso jüdischen Ursprungs wie *meschugge* (hebräisch *m'schuga*), *Geseier* (hebräisch *gsejra*, hartes Gesetz, Verhängnis) und der feine *Pinkel* (jiddisch *piggul*, Gräuel, Abscheu), während französische Wörter *mit'n Aweck* (mit Pfiff, Leichtigkeit) auftreten wie der *Feez*, der Spaß, der von der *fête* kommt. Auf ihr *gießt man einen auf die Lampe* (*lampée* ist ein tüchtiger Schluck) und trinkt jedenfalls keinen *Muckefuck*, den die Hugenotten *mocca faux*, falschen Mokka, genannt haben sollen. Klar bewiesen ist dies allerdings nicht, zumal das Wort Ende des 19. Jahrhunderts zuerst im Rheinland aufkam und dort von den *Mucken*, dem rheinischen Wort für braune Stauberde, abgeleitet und mit Reimlust gestreckt worden sein könnte. Dass man aber *alle sein* oder jemanden *alle machen* kann, geht mit Sicherheit auf die französischen Immigranten zurück: Sie sagten *c'est allé*, das ist aufgebraucht.

Franzosen, Juden, Holländer, Slawen (sie brachten den *Kiez* mit) und die aus allen Himmelsrichtungen zuwandernden Deutschen machten aus Berlin einen Schmelztiegel, eine Art Klein-Amerika, in dem eine egalitäre Gesinnung herrschte (der *feine Pinkel* wurde schnell als *Jraf Rotz von der Popelsburg* oder gar *Lord Kacke* runtergeputzt) und Durchsetzungsvermögen sowie geistige Beweglichkeit und Schnelligkeit nötig waren, eben Grobheit und Witz. «Schreib mir so derb als möglich, denn das kleidet euch Berliner doch immer am besten», bat Goethe den befreundeten Karl Friedrich Zelter, der es vom Maurermeister zum Direktor der Berliner Singakademie gebracht hatte. Zugleich herrschte Toleranz: «Et jibt nischt, wat et nich jibt.» Man war aufgeschlossen gegenüber Neuem und konnte daher umgekehrt selbst Neues in die Welt setzen, auch in der Sprache. «Mich freut es immer, wenn ich wo auf Nationalität treffe, selbst auf eine rohe, wenn sie nur erfindungsreich ist», bekannte Goethe 1831. «Die Berliner Sprachverderber sind doch auch zugleich die einzigen, in denen noch eine nationelle Sprachentwicklung bemerkbar ist.»

Zumindest bis 1945 hat Berlin die deutsche Sprache bereichert wie keine zweite Stadt. Von hier kommen Wendungen wie *sich haben* (sich zieren) oder *unten durch sein*, Sprichwörter à la «Mit det Bezahlen vaplempat man det meiste Jeld!», Reimereien wie «Jawollja, sagt die Olja» und drastische, nonsenshafte Übertreibungen nach dem Muster «Der sieht ooch 'n Himmel vor 'n Dudelsack an» (bei einer groben Verwechslung). Berlinisch sind die *Schnulze* und der *Knüller*, die *Mietskaserne* und der possierliche *Brötchengeber*, das überraschend gemütvolle *Abendbrot* und natürlich das kumpelige *knorke* – als das Wort gerade aufkam, erläuterte es der Komiker Hans Carow: «Knorke is zweemal so schnaffte wie dufte!»

Schon 1878, als erstmals «Der richtige Berliner in Wörtern und Redensarten» in einem Buch gewürdigt wurde, kannten die Spreeathener so moderne Ausdrücke wie *oberfaul* und *Schluckspecht*. Ob die «Berliner Luft» (die in Paul Linckes Operette «Frau Luna» von 1898 besungen wird) wieder so anregend wird? Man darf gespannt sein wie ein Flitzebogen.

Powidl, Buchteln und Liwanzen Einem bekannten Scherzwort zufolge ist Deutsch die beste aller Sprachen, weil man nur in ihr jedes Wort versteht. Aber schon wer auf der Autobahn nach Österreich einreist, wird merkwürdige Abweichungen vom gewohnten Wortschatz feststellen, denn das Autobahnkreuz heißt nun *Knoten*, die Ausfahrt *Exit*, und im Autoradio spricht kein Fraktionsvorsitzender, sondern ein *Klubobmann* über die Kostendämpfung im Gesundheitswesen und redet vom *Selbstbehalt* in der *Spitalsreform*.

In ihrer Sprache sind die Österreicher *extra*, also eigen: in der Aussprache, wo nicht «Pardong» gegeben wird, sondern «Pardoon», die «Reportage» und die «Premiere» ohne das E am Ende artikuliert werden und nicht von «China» die Rede ist, sondern von «Kina», in der Grammatik – hier *ist* man gesessen, gelegen und gestanden und schreibt *ein* E-Mail – und im Wortschatz. Die *Kotze* ist den Österreichern nichts Ekliges, sondern eine grobe Wolldecke, und der *Sterz* ist nicht anrüchig, sondern eine Süßspeise, Pardoon: *Mehlspeise*. Mancher Deutsche wird sich in den österreichischen vier Wänden gar *nimmer* zurechtfinden: Will er einen Stuhl, so muss er «Sessel» sagen, will er einen Sessel, so ist das ein *Fauteuil*; die österreichische *Stiege* wiederum meint die deutsche «Treppe», wie in Österreich umgekehrt die schmale, hölzerne deutsche Stiege heißt.

Dialekt und Hochsprache gehen in Österreich fließend ineinander über, und die Besonderheiten empfindet man nicht als Dialektmerkmale, sondern als Teil der deutschen Hochsprache. Anders als die Niederlande, die sich 1648 aus dem Deutschen Reich verabschiedeten und schon lange vorher ihr eigenes Leben geführt hatten, oder auch als Luxemburg, das zur Abgrenzung gegenüber Deutschland, von dem es 1914 und 1940 überfallen wurde, das Letzeburgische auch von Amts wegen pflegt, hat Österreich stets an der gemeinsamen deutschen Hochsprache festgehalten, auch wenn es nach dem Deutschen Krieg von 1866, den es gegen Preußen verlor, und endgültig seit der Reichsgründung von 1871 staatlich nicht mehr zu Deutschland gehörte.

Politisch geht Österreich ohnehin schon seit Jahrhunderten seinen eigenen Weg, was ein Grund für seine sprachlichen Eigentümlichkeiten ist. Der Habsburgische Vielvölkerstaat ist zwar passé, aber in der Sprache sind Italiener, Ungarn, Tschechen usw. noch präsent. So heißt die bayerische Vesper hier *Jause*, was aufs Slowenische zurückgeht, und die Crêpe heißt ungarisch *Palatschinken*.

Überhaupt strotzt die österreichische Küche von eigenartigen Wörtern: Die Stachelbeere heißt *Agrasl*, die Johannisbeere *Ribisl*, die Aprikose *Marille*, der Quark *Topfen*, die Sahne *Schlagobers*, der Meerrettich *Kren*, die Frikadelle *Fleischlaiberl* und die Suppe mit Pfannkuchenstreifen *Frittatensuppe*, von Speisen wie *Powidl* (Pflau-

menmus), *Buchteln* (ein Gebäck) und *Liwanzen* (Hefeplinsen) zu
schweigen. «Mächtige Gugelhupfe gab's und Berge von Krapfen,
Buchteln und Kletzenbrot, so dass das Schmatzen und Schnalzen
kein Ende nahm», schrieb Fritz Ritter von Herzmanovsky-Orlando in
seinem Roman «Der Gaulschreck im Rosennetz» von 1928. «Erdäpfelsalat bleibt Erdäpfelsalat», verkündeten 1994 große Schilder an
den Straßen, als es um den Anschluss Österreichs an die Europäische
Union ging, und in der Tat dürfen in österreichischen EU-Doku-
menten der Blumenkohl weiterhin *Karfiol* (gebildet aus italienisch
«cavolo», Kohl, und «fiore», Blume) und die Tomate *Paradeiser* heißen.

   «Die spinnen, die Österreicher», könnte der Asterix-geschulte
Deutsche maulen. Aber der Österreicher könnte matschkern: «Die
Piefkes rappeln eh, gelt?!»

Wo die E-Mail eine Blitzpost ist   Der Spieler, der trotz guter Karten
mauert, hat eine *Macke*. Dann gibt es irgendwann *Zoff*, und man
muss *Tacheles* mit ihm reden. Wem es *mies* geht, wer im *Schlamassel*
steckt, der *beschickert* sich gern. Wer *Chuzpe* hat, wünscht den Kollegen *Hals- und Beinbruch*. Zur Adventszeit gibt es *Lebkuchen*, und
an Silvester erhoffen der Mann und die *Ische* sich einen *guten Rutsch*
ins neue Jahr: Wer so Deutsch spricht, spricht eigentlich Jiddisch.
Wer *mauert*, hat Angst, hebräisch: *mora* (jiddisch *meura*); in der
Macke steckt hebräisch *makka*, Schlag, Geschwür; wenn es *Zoff*
gibt, macht man ein Ende, hebräisch *soph*; im *Tacheles* verbirgt sich
tachlith, was «Ende, Zweck, Nutzen» heißt und woraus sich die
Bedeutung «Geschäft, ernste Dinge» entwickelte; *mies* kommt von
mius (widerlich), das in dem Verb *ma'as* (verachten) wurzelt; der
Schlamassel setzt sich aus dem hebräischen *sch'lo masal* zusammen,
wörtlich: «was nicht Glück *(Massel)* ist»; sich *beschickern* könnte
man weder ohne Alkohol noch ohne das Adjektiv *schikor* (betrunken); Frechheit heißt hebräisch *chuzpa*; der makabre *Hals- und
Beinbruch* verballhornt den jiddischen Wunsch «Glück und Segen»,
nämlich *hazloche un broche*; der Lebkuchen verdankt seinen Namen seiner Form, denn jiddisch *lew* heißt Herz; die *Ische* ist das
Mädchen, die Freundin, und war im hebräischen *ischa* das Weib, die

Gattin; der *gute Rutsch* endlich käme nicht zustande ohne das hebräische *rosch*, was «Kopf, Spitze» bedeutet und dem jüdischen Neujahr, das sozusagen an der Spitze des Kalenders steht, den Namen gibt: *Rosch ha-Schanah*.

Um Christi Geburt sprachen die Juden Hebräisch in der Synagoge und das eng verwandte Aramäisch auf der Straße. Als sie im zweiten Jahrhundert, nach dem gescheiterten jüdischen Aufstand unter Bar Kochba, aus Palästina vertrieben wurden, verteilten sie sich im Römischen Reich und in Vorderasien und passten ihre Umgangssprache der jeweiligen Landessprache an, während sie das Hebräische als Kultsprache bewahrten. Im Mittelmeerraum wurde das Spaniolische der aus Spanien vertriebenen Juden, das auch Ladino genannt wird, zur jüdischen lingua franca, im Orient das Judenpersische.

Im zehnten Jahrhundert wanderten die Juden nach Deutschland ein, das Land *aschkenas*, wie sie es nach 1 Mose 10,3 nannten; *Askenas* heißt eines von Gomers Kindern und Noahs Urenkeln. Die biblischen Juden hatten den Namen auf ein Volk im Norden Palästinas bezogen, ihre Nachfahren gaben ihn nun dem nördlichen Volk der Deutschen, den *aschkenasim*. Die deutschen, *aschkenasischen* Juden übernahmen das Mittelhochdeutsch ihrer Umgebung und verschmolzen es mit hebräischen Anteilen. Seit dem späten Mittelalter, als viele vor den Pogromen ins tolerante Königreich Polen flohen, verbreiteten sie dieses Judendeutsch in Osteuropa bis nach Russland. Durch die im 19. Jahrhundert einsetzende Auswanderung brachten sie das Jiddische schließlich nach Übersee.

Wie viele Leute es heute sprechen, ist unbekannt; wenigstens fünf bis sechs Millionen Menschen in Nordamerika, Europa und Israel dürften es beherrschen, in der Regel allerdings nur als Zweitsprache. Vor allem im 19. und frühen 20. Jahrhundert standen die jiddische Sprache und Kultur in Blüte; in der jungen Sowjetunion gab es ein ausgebautes Schulsystem mit jiddischer Unterrichtssprache und ein aktives Kulturleben mit Theatern, Buchverlagen und Zeitschriften, von denen eine «Sowetisch hejmland» hieß.

Der Satzbau und bis zu drei Vierteln auch der Wortschatz des Jiddischen sind deutsch. Hebräisch sind vor allem die Begriffe aus der Religion und fürs Geschäft, weil die Juden Handel bis in den Orient

trieben und sich nur über die Sprache der Ahnen mit ihren Geschäfts-
freunden verständigen konnten, um einander etwas zu *verscheuern*
(von *ss'chojre*, Ware). Aus der Sphäre des *Schachers* (*sachar*, Erwerb, Gewinn) stammen viele deutsche Wörter: *Reibach* (hebräisch
rewach, Verdienst, Gewinn), *Pleite* (jiddisch *pleto*, Flucht), *Dalles*
(hebräisch *dalluth*, Armut), *Schmu* (unerlaubter Gewinn, Übervor-
teilung) sowie *Schmus* (*schemuah*, Gerücht, Gerede) und überraschenderweise sogar das *Schmusen*, eigentlich: «sich durch schlaues,
betrügerisches Geschwätz einen Vorteil verschaffen».

Neben dem mittelalterlichen Deutsch und dem Hebräischen haben die slawischen Sprachen ihre Spuren hinterlassen. Dass sie im
Jiddischen nicht überwiegen, mag daran liegen, dass der osteuro-
päische Jude geschieden vom Goi und der Goje (dem Christen und
der Christin) in seinem *schtetl* lebte. In jüngerer Zeit macht sich der
englische Einfluss bemerkbar, doch es ist ein Beweis für die Kraft des
Jiddischen, dass es neue Begriffe nicht nur übernimmt, sondern auch
selber prägen kann. So erweitert es selbständig seinen Wortschatz
durch neue Vokabeln für moderne Dinge: Die E-Mail zum Beispiel
heißt *blitzpost*.

Geschrieben wird das Jiddische seit alters mit hebräischen Let-
tern, denn die Juden waren nicht in die christliche Gesellschaft inte-
griert und vom Besuch der Schulen, die sich im Mittelalter meist in
kirchlicher Obhut befanden, ausgeschlossen. Da das hebräische
Alphabet nur Konsonantenzeichen kennt, werden die Vokale des
Jiddischen nicht geschrieben. Das macht die Texte bis heute über die
Dialektgrenzen hinweg lesbar: Der Vogel wird durch die Konsona-
ten «fgl» wiedergegeben, was man als *fougl* oder *fojgl* lesen kann,
der Tag wird «tg» geschrieben und kann *tog* oder *tug* ausgesprochen
werden und sogar *teg* heißen, was der Plural ist.

Jiddisch klingt wie ein deutscher Dialekt und ist doch nicht
Deutsch. Eine alte Anekdote führt das vor: Kohn besucht Hirsch,
der gerade ein Buch liest und leise vor sich hinspricht: «Zu Dionys,
dem Tyrannen – *e bösen Meilach* – schlich – *issich geslochen* – Da-
mon, den Dolch – *e Chalef* – im Gewande – *in sein Malbech*– » Kohn
staunt: «Was machste da?» Und Hirsch erwidert: «Ich deitsch mr
den Schiller!»

Gerade wegen der Nähe zum Deutschen hat das Jiddische sich aber in Deutschland selbst nicht gehalten: Seit der Emanzipation und Assimilation im 19. Jahrhundert sprachen die Juden kaum noch «jüdisch» oder, wie sie selber es aussprachen, «jidisch», woraus über das englische «Yiddish» die heutige Bezeichnung wurde.

Zwar wird Jiddisch heute an deutschen Universitäten erforscht, gelehrt und gelernt, doch im praktischen Leben ist es damit *nebbich*. Dieses kleine Wörtchen meint so vieles und so viel wie: nix, schade, leider, Gott bewahre, wenn schon!, was macht das!. Es drückt gleichgültiges Abtun ebenso aus wie Mitgefühl, Bedauern, auch herzliche Teilnahme und kann von «keinesfalls» bis «fürwahr» schier alles und nichts bedeuten. Seine Herkunft war lange unklar. Althochdeutsch, Mittelhochdeutsch und Tschechisch waren die Favoriten. Inzwischen sieht man klarer und deutet auf jiddisch «nebech» (armes Ding) aus polnisch «nieboga» (armes Kind) und «niebogi» (arm, unglücklich). Auch als Substantiv hat der Nebbich («unbedeutender Mensch») im Deutschen seinen Platz; und als Interjektion besagt das Wörtchen ja meist, dass etwas nebbich unwichtig ist.

Als Nebbichs erst in einer christlichen Gesellschaft, dann in chauvinistisch aufgeheizten Nationen müssen sich die europäischen Juden lange Zeit gefühlt haben. Erst ein Menschenalter ist es her, dass ihnen ein giftiges «Jud!» oder «Jid!» entgegenscholl und der Pöbel sein schändliches «Hep, hep!» (Hierosolyma est perdita, Jerusalem ist verloren) anstimmte. Was für ein *Stuss* (jiddisch *schtus*, Torheit)!

Rotwelsch Das Verbrechen fasziniert. Vorausgesetzt, es bleibt einem persönlich vom Leib, ist es harmlos und konsumierbar. Deshalb sind Krimis beliebt, die den braven Bürgern in Romanen und Spielfilmen eine Welt jenseits der ihren zeigen, die Unterwelt, die so bedrohlich und verführerisch erscheint wie dem Bewusstsein das Unterbewusstsein. Das eine kann nicht ohne das andere; und es sind Oben und Unten, Recht und Unrecht, Geschäft und Betrug nicht allzeit zu trennen. «Der Begriff des Gerechten ist so natürlich und allgemein anerkannt, eine solche Grundwahrheit», schrieb Voltaire, «dass die größten Verbrechen, die die menschliche Gesellschaft begeht, unter dem falschen Vorwand der Gerechtigkeit ausgeübt werden müssen. Das größte, unheilvollste aller Verbrechen, der Krieg, wird von keinem Angreifer unternommen, ohne dass er seine Untat mit dem Vorwand der Gerechtigkeit rechtfertigte. Jeder Räuber an der Spitze einer Armee beginnt seine Tat mit einem Manifest und betet zum Gott der Waffen. Selbst die kleinen Diebe hüten sich, wenn sie gemeinsam ausrücken, zu rufen: ‹Jetzt wird der Witwe und den kleinen Waisen all ihr Besitztum gestohlen!› Nein, sie schreien: ‹Gerechtigkeit muss sein! Wir müssen den Reichen unser gestohlenes Gut zurücknehmen.› Und sie haben ein eigenes Diebswörterbuch, in dem sich keineswegs Wörter wie Diebstahl, Raub, Überfall befinden, sondern nur: Nehmen, Verdienen, Gewinnen.»

Eine solche besondere Sprache gab es in der Tat: das Rotwelsch. Es war die faszinierende Sprache des Verbrechens: «Da hörten wir Pfarrersbuben», erinnerte sich 1938 ein A. Bertsch, der Sohn eines Gefängnisgeistlichen, an seine Kindheit, «die ersten Fremdwörter aus der Kunden- und Gaunersprache, um sie nie wieder zu vergessen. Ehe wir in die Schule kamen, wussten wir schon, dass man das Zuchthaus die ‹Säge› hieß, dass unser Vater der ‹Gallach› war und dass man den Anstaltslehrer ‹Plauderle› nannte. Die Birnen, Äpfel und Pflaumen schmeckten noch einmal so gut unter den Namen ‹Stieling›, ‹Roller› und ‹Blauhose›. Gierig sammelten und ängstlich hüteten wir den geheimnisvollen Sprachschatz.» A. Bertsch verhehlt nicht seinen «Schrecken, dass die Kunden- und noch mehr die Gaunersprache in keiner anderen Sprache so verwurzelt war, wie im Hebräischen.» Sein «Wörterbuch der Kunden- und Gaunersprache» erschien, wie gesagt, 1938.

Bis tief ins 18. Jahrhundert zogen namentlich die Juden als fahrende Händler umher. Unterwegs kamen sie in Berührung mit christlichem fahrenden Volk, mit Zigeunern und Landstreichern. Allmählich bildete sich eine eigene Sprache heraus, die zwar von Ort zu Ort verschieden war, aber überall in Deutschland von den Eingeweihten halbwegs verstanden werden konnte: das Rotwelsch, die Sprache der Nichtsesshaften, der Außenseiter und Ausgestoßenen, der Geächteten und Verachteten, jenes Bodensatzes der Gesellschaft also, zu dem in der christlichen Gesellschaft auch die Juden zählten. Die zahlreichen jüdischen Bestandteile dieser Sprache zeugen jedoch nicht nur vom Anteil jüdischer Händler und Unterweltler, sondern gehen auch aufs Konto des Antisemitismus: «Schinderhannes war (um ein späteres Beispiel zu nennen) ein heftiger Judenfresser», schreibt Hans Reimann 1932 im «Handbuch der deutschen Sprache», «und führte parodistisch und späterhin absolut ernst die Sprache des Gehassten im Munde.»

In der Mitte des 13. Jahrhunderts wird diese Sprache erstmals *rotwalsch* genannt. *Welsch* heißt so viel wie fremd, unverständlich. Das Wort, althochdeutsch «walahis», gab Landschaften wie dem schweizerischen *Wallis*, dem belgischen *Wallonien*, dem britischen *Wales* und der rumänischen *Walachei* den Namen. Es leitet sich von den «volskae» ab, dem lateinischen Namen eines keltischen Volksstamms, ging auf die romanisierte Bevölkerung über und galt später insbesondere Franzosen und Italienern – denen wir übrigens die *Walnuss* verdanken, eigentlich die «welsche Nuss». Auch die Rätoromanen im Rheintal von Chur sprachen Welsch. Die Tiroler nannten den Ort «Kauer» und die Sprache ihrer Bewohner «Kaurerwelsch», woraus unter dem Einfluss des Dialektverbs «kaudern» (kollern, plappern) endlich das *Kauderwelsch* wurde. Ebenso wenig wie das Churromanisch konnten biedere Deutsche das *Rotwelsch* verstehen, das scheinbare Welsch der Gauner, Bettler und fliegenden Händler. Genau die meint das mittelalterliche *rot*, das eben kein Farbwort ist, sondern von der *Rotte*, mittelhochdeutsch «rote», herrührt.

«Rotwelsch ist ein Ragout aus entstelltem Deutsch und verdorbenem Hebräisch», befand Hans Reimann mit Blick auf den Wortschatz. Die Grammatik allerdings, und spätestens hier ist A. Bertsch zu korrigieren, war rein deutsch – abhängig allerdings vom Bildungsgrad des Sprechers: Gegebenenfalls konnte man sich auf Rotwelsch sogar ohne grammatische Regeln verständigen.

Deutsch sind zum Beispiel der *Obermann* (Hut), der *Stieglitz* (Leiter), das *Heu* (Geld), der schon im 16. Jahrhundert notierte *Schreiling* (Kind) und der bereits in einem Basler Glossar aus der Mitte des

15. Jahrhunderts verzeichnete *breitfus* (Gans). Hebräische Wurzeln haben unter anderem die uns wohlvertrauten Wörter *Bammel* (von *baal*, Mann, und *emoh*, furchtsam), *Kluft* (von *q'lippah*, Schale – siehe weiter unten!) und – *Gauner* sowie *Ganove* (von *gannab*, Dieb).

Neben den Spitzbuben war die Polizei an diesem Jargon interessiert. Viele alte Wörterbücher verdanken sich einem Galgenvogel, der in der Haft sang. Besonders ergiebig ist das 1847 in Berlin von einem C. W. Zimmermann angelegte Werk über «Die Diebe in Berlin oder Darstellung ihres Entstehens, ihrer Verbindungen, ihrer Taktik, ihrer Gewohnheiten und ihrer Sprache». Darin finden sich zum Beispiel *Knast* (die Kriminalstrafe, nicht das Gefängnis selbst; von jiddisch *kansen*, bestrafen, verurteilen), *Platte* (das Quartier, der Unterschlupf; von jiddisch *polat*, entwischen), *ausbaldowern* (*baal*: Mann, *dowar*: Sache, Wort; der *Baldower* ist der Kundschafter), *neppen* (wohl über *Neppe*, Dirne, zurückzuführen auf hebräisch *na'op*, ehebrechen, betrügen) und *Zinken* (Zeichen, erhalten in den *gezinkten* Karten).

Mit dem Verschwinden des fahrenden Volks von den Straßen und der Auflösung der alten Gaunermilieus in den Städten ist das Rotwelsch ausgestorben; Reste hielten sich bis in die 1920er Jahre. Das letzte große Lexikon, Siegmund A. Wolfs «Wörterbuch des Rotwelschen» von 1956, dokumentiert nurmehr eine untergegangene Sprache und setzt den wissenschaftlichen Schlusspunkt unter eine vielhundertjährige Geschichte.

Und doch lebt das Rotwelsch fort: in der ganz normalen Umgangssprache, die sich am Jargon der Unterwelt kräftig bereichert hat. Es ist wie bei manchem großen Vermögen, bei dem später niemand fragen soll, woher es kommt; wer dennoch nachforscht, staunt, wie oft man das Idiom der Gauner im Mund führt. Beim *Schmiere stehen* (hebräisch *schemirah*, Bewachung) weiß man es noch; bei einer Redensart wie *die Sache ist geritzt* (nämlich die Fensterscheibe, so dass alles für den Einbruch vorbereitet ist) ahnt man es vielleicht noch; bei einer Wendung wie *sich in Schale werfen* (jiddisch *Schale*, Anzug, Kleid) und einem Wort wie *pennen* (über jiddisch *pannai*, müßig sein, von hebräisch *penai*, Zeit, Mußezeit) fühlt man die zwielichtige Vergangenheit nicht einmal mehr, geschweige denn bei *kess* (abgeleitet vom jiddischen *chochom*, ein Kluger, Weiser. Die Anfangsbuchstaben «ch» heißen jiddisch *chess*). Kess, definierte C. W. Zimmermann, ist «alles, worauf das Gaunerleben, seine Ränke, Praktiken Bezug hat», und meint insbesondere «eingeweiht, verschwiegen, fest». In diesem Sinn führe ich nun eine kesse Lippe – und schweige.

Der Schnee von morgen Wenn die Temperaturen im Keller sind, grimmige Kälte herrscht und eine dicke Schneedecke über der Erde liegt, freut sich wenigstens einer wie ein Schneekönig: nämlich der Zaunkönig, den man auch Winterkönig oder eben Schneekönig nennt. Weil er kein Zugvogel ist, bleibt er auch im Winter hier und stimmt selbst in der Kälte sein Lied an. Und weil das für den Menschen ein bisschen unverständlich ist, ist auch die Redeweise, jemand freue sich wie ein Schneekönig, ein kleines bisschen ironisch zu verstehen. Der Zaunkönig ist eben ein komischer Vogel und der Schneekönig ein komischer Patron.

Weil er schon im Winter singt, gilt der Zaunkönig als vorzeitiger Frühlingsbote. Aber auch der Frühling ist kein ungetrübtes Vergnügen: Selbst im Wonnemonat Mai führen an einigen Tagen die Eisheiligen das Regiment. Erfahrungsgemäß sind an bestimmten Tagen, weil das Meer sich weniger schnell erwärmt als das Land, Kaltlufteinbrüche zu erwarten: in Norddeutschland vom 11. bis 13. Mai, an denen Mamertus, Pankratius und Servatius die Tagesheiligen im kirchlichen Kalender sind, in Süddeutschland vom 12. bis 15. Mai, wobei Bonifatius, der Apostel der Deutschen, und Sophia – besser bekannt als «die kalte Sophie» – das Tagesregiment weiterführen.

Noch Mitte Juni sind Kaltlufteinbrüche nicht selten: Das ist die Schafskälte, so genannt, weil um diese Zeit die Schafe geschoren werden und in den kühlen Nächten frieren müssen. Ist aber die Schafskälte erst einmal überstanden, steht der sommerlichen Affen- und Bullenhitze vor allem an den Hundstagen Ende Juli, Anfang August, wenn der Sirius im Sternbild Großer Hund aufgeht, nichts mehr im Wege.

Spätestens dann ist der letzte Winter nur Schnee von gestern, also völlig uninteressant geworden. Schon François Villon im 15. Jahrhundert kannte diese Redensart: «Wo ist der Schnee vom vergangenen Jahr?», fragt er im Kehrreim seiner «Ballade von den berühmten Frauen von einst». Die Antwort: Er ist genauso verschwunden wie die längst verblichene Schönheit der weiblichen Berühmtheiten aus Historie und Mythologie. Deren Zeit ist vorbei und, um eine weitere Redensart anzubringen, liegt so weit zurück, dass man es gar nicht mehr sagen kann – es muss wohl «Anno Schnee» oder auch «im Jahr Schnee» gewesen sein. «Das ist Schnee von morgen», sagte hingegen der Fußballer Jens Jeremies, den man 1998 auf seine mögliche Rolle als Nachfolger von Lothar Matthäus ansprach.

Die Vergangenheit jedenfalls, von der Villon sang, ist Schnee von gestern und kehrt bestimmt nicht wieder – «und wenn der ganze Schnee verbrennt». Diese Redewendung findet sich im fünften Akt von Gerhart Hauptmanns Drama «Die Weber» und dient der Bekräftigung: Selbst wenn etwas ganz Unmögliches eintreten sollte, mein Entschluss steht ein für alle Mal und unter allen Umständen unwandelbar fest. «Spätestens nächste Woche fahren wir in die Ferien, und wenn der ganze Schnee verbrennt! Es wird nicht mehr gearbeitet, und wenn der ganze Schnee verbrennt», heißt es auch in Alexander Döblins Roman «Berlin Alexanderplatz». Es ist eine Redewendung nicht ohne Pathos, und der Volksmund veralbert sie prompt: «Und wenn der ganze Schnee verbrennt, die Asche bleibt uns doch!»

April, April! Wenn Sie in der Zeitung die Nachricht lesen, dass Deutschland aus der Europäischen Union austritt und nicht zur Mark, sondern gleich zu Taler und Heller zurückkehrt, wenn Sie im Lokalteil auf die Ankündigung stoßen, dass die Stadtverwaltung überraschend einen Haushaltsüberschuss erwirtschaftet hat und deshalb jeder Bürger einen Blankoscheck im Rathaus abholen kann – wenn Sie mit solchen Neuigkeiten konfrontiert werden, dann schauen Sie lieber erst einmal auf das Datum: Vielleicht ist gerade der 1. April.

Der April macht bekanntlich, was er will. Das Wetter ist launisch, rasch wechseln Sonnenschein und Regenschauer, die Temperaturen schwanken zwischen vorsommerlicher Wärme und nachwinterlichem Kälteeinbruch. Närrisch wie das typische Aprilwetter sind denn auch manche Menschen – jedenfalls am ersten April, dem Tag der Aprilscherze.

Das ist der Narrentag, der «Fools' Day», wie es in England heißt. Ein entsprechendes deutsches Sprichwort lautet: Am ersten April schickt man den Narren hin, wo man will. Da flunkert man den Leuten etwas vor oder lässt die kleinen Kinder Sachen einkaufen, die es nicht gibt, in früheren Zeiten zum Beispiel schwarze Kreide oder «ein Viertelpfund Bass», denn, so sagt der Knirps in der Drogerie: «Papa hat gesagt, dass er ein wunderschönes Lied singen kann, aber dazu braucht er ein großes Stück Bass.» In Spanien, wo man ebenfalls an diesem Tag den Mitbürgern kleine Streiche spielt, firmiert der 1. April sogar als «Tag der unschuldigen Kinder».

August Heinrich Hoffmann von Fallersleben, bekannt als der Dichter des Deutschlandliedes, erinnerte sich in seinem 1843 erschienenen Gedicht «Der erste April» mit einer Mischung aus Rührung und Scham an die Bräuche seiner Kindheit. In der zweiten Strophe reimt er: «Nach ungebrannter Asche gingen, / Nach Mückenfett und seltnern Dingen / Wir ernsthaft in des Krämers Haus, / Der warf uns dann zur Thür' hinaus. / Schweig still, schweig still! / Sonst ruft man heute noch: April, April! / Man schickt den dummen Narren, / wie man will.»

Traditionell schicken auch die Zeitungen ihre Leser in den April. Um drei klassische Beispiele aus der Zeit der Weimarer Republik anzuführen: Sie berichten zum Beispiel von einem Schimpansenweibchen und einem «Riesenpavian», die zu Meistern im Tango herangebildet wurden. Sie präsentieren den Schnappschuss von einem «amerikanischen Major Biglier», der auf einem gezähmten Haifisch kurze Strecken zu reiten vermag. Und sie drucken das Foto einer Amtsstube, in der ein sonderbarer Mann am Schreibtisch sitzt, der seine Hände spinnenartig über eine Akte spreizt und dabei in unergründliche Fernen blickt. Darunter liest man die unheilschwangere Meldung: «Der Hellseher Professor H. Lunte wurde vom Finanzamt Berlin zur Nachprüfung von Steuererklärungen angestellt.»

Die «Berliner Morgenpost» soll vor über hundert Jahren den Aprilscherz ins Zeitungswesen gebracht und die «Berliner Illustrirte Zeitung» ihn erstmals mit Fotos getrieben haben. Dabei musste die «Berliner Morgenpost» auch erfahren, dass solche Späße ins Auge gehen können, ins eigene noch dazu: Einmal brachte die «Morgenpost» am 1. April die Meldung, ein Löwenpaar sei aus der Menagerie ausgebrochen und in ein stadtbekanntes Feinkostgeschäft geflohen. Die Angestellten seien getürmt, ein beherzter Lehrling aber habe die Rollläden heruntergelassen und die Löwen gefangen gesetzt. Und wirklich versammelten sich ungezählte Schaulustige vor dem Geschäft und erwarteten das Eintreffen der Feuerwehr, die die Raubtiere unschädlich machen sollte. Über diesen Aprilscherz lachte alle Welt – nur die Polizei nicht: Die verdonnerte den Redakteur, der sich den Ulk ausgedacht hatte, wegen groben Unfugs zu einer Geldstrafe.

Glimpflicher kam die Berliner «taz» weg, die am 1. April 2016 meldete, der türkische Präsident Recep Tayyip Erdoğan werde auf einer Wahlkampfveranstaltung der AfD auftreten, und unter Bezug auf die AfD-Politikerin Beatrix von Storch märchenhaft titelte: «Von Storch hofft auf den Kalifen». Die türkische Botschaft war entrüstet, ließ sich aber von der Chefredaktion der Zeitung besänftigen.

Selbstverständlich ist der Aprilscherz nicht auf deutsche Zeitungen beschränkt. Ein Jux, der 2015 nicht nur in der Kunstwelt die Runde machte, war die Meldung des New Yorker Internetmagazins «Hyperallergic», der sogenannte Islamische Staat plane an der Biennale teilzunehmen und in seinem Pavillon Kunstwerke und andere Kulturgüter mit einem goldenen Auktionshammer zu zerstören. Besucher bekämen schwarze Jutetaschen ausgehändigt, um die Reste mit nach Hause nehmen zu können.

In den Medien blüht der Aprilscherz. Ob er das auch im praktischen Leben jenseits der Kinderwelt tut, ist allerdings fraglich. Schon vor hundert Jahren klagte deshalb Christian Morgenstern, der Dichter der berühmten «Galgenlieder» und Großmeister des literarischen Nonsens: «Die Sitte des In-den-April-Schickens ist bei uns lange nicht genug verbreitet und geübt» und wünschte: «Der erste April müsste ein wahrer Festtag für die Nation werden, ein Dies Saturnalius – in jedem Falle ein liebenswürdigerer Feiertag als mancher offizielle.»

Wahrscheinlich würde Christian Morgenstern es mit Freude registrieren, dass seit einigen Jahren nicht mehr nur die Zeitungen ihre Aprilspäße treiben, sondern auch Institutionen aller Art mitmachen. Kommunale Verwaltungsbehörden wie zum Beispiel in der nordhessischen Gemeinde Habichtswald (gelegen bei Kassel): Einmal kündigte sie im Amtlichen Mitteilungsblatt an, am 1. April würden alle Mülltonnen von Amts wegen gereinigt. Um den Reinigungsmaschinen die Arbeit zu erleichtern, sollten die Bürger am Morgen des 1. April ihre Mülltonnen waagerecht an die Straßenseite legen. Und tatsächlich, am bewussten Morgen sah man in den Straßen nur zu gut, welche Einwohner sich in den April hatten schicken lassen.

Oder es sind seriöse Volkshochschulen, die ihre Kursteilnehmer in den April schicken wie zum Beispiel die VHS der Universitätsstadt Göttingen, die im Jahr 2000 einen Kurs über «Altsizilianisches spirituelles Zahlensingen» ankündigte, den ab dem 1. April «Dottore Esoterio Dello Spirito» leite. Besonders gelang den Göttingern der Aprilscherz von 1993: Damals hatte die VHS ihren Spaß daran, einen Sprachkurs «Yetisch» anzubieten, der sich an «Anfänger ohne Vorkenntnisse» wenden und am «Donnerstag, 1. April» beginnen sollte. «Die Sprache der Yetis oder der Schneemenschen hat sich in den einsamen Tälern und wüsten Hochregionen des Himalaja von der Altsteinzeit bis heute nahezu unverändert erhalten», schrieb der Kursleiter mit dem schönen Namen «Nang A. Parbat» und gab an: «Ziel des Unterrichts ist die Kommunikation mit Yetis und Yetinnen in typischen bergsteigerischen Alltagssituationen, wie z. B. Orientierung im weglosen Gelände, Auskunft über Gletscherspalten, Warnungen vor Lawinen, Fragen nach Gipfelrouten, Erkundigungen über Schwierigkeitsgrade im Felsklettern (gemäß der alpinen Kletterskala) und anderes mehr.»

Der Brauch, die Leute in den April zu schicken, wird in Deutschland erstmals 1618 erwähnt, ist damals aber schon in anderen Ländern verbreitet. Womöglich entstand die Sitte in Frankreich: 1564 nämlich verlegte König Karl IX. den Neujahrstag vom 1. April, der auf alte keltische Tradition zurückgeht, auf den 1. Januar. Vielleicht bürgerte es sich daraufhin ein, am 1. April anstelle von Neujahrsgeschenken und Glückwünschen einander nur mehr Scheingeschenke zu machen, die man dann – «April, April!» – zurückzog. Oder die Leute machten sich fortan die Gaudi, uninformierte Bekannte zum angeblichen Neujahrsfest am 1. April einzuladen, um sie dann mit «April, April!» in denselben zu schicken.

Nun sagt man im Französischen nicht «April, April», sondern begrüßt den Gefoppten mit dem Ruf: «Poisson d'avril!» – auf Deutsch: «Aprilfisch». Als «poisson d'avril» oder «Aprilfisch» bezeichnet man außerdem den französischen Brauch, dass die Kinder am 1. April aus Papier geschnittene Fische den Leuten heimlich an den Rücken heften. Dieser «poisson d'avril» jedenfalls könnte abermals für einen französischen Ursprung der Aprilnarretei sprechen, nennt man in Süddeutschland den Aprilscherz doch auch «Aprilfisch».

Indes, bereits bei den Galliern sollen zum Neujahrsfest am ersten April allerlei Scherze Usus gewesen sein. Und schon im alten Indien feierte man im Frühjahr das Hulfest, bei dem man mit Verkleidungen und Täuschungen die Leute an der Nase herumführte. Ähnliche närrische Sitten pflegten die Römer bei einem Frühlingsfest zugunsten der Liebesgöttin Venus, deren Ehrentag (wenn auch nicht der Tag des Festes) just der 1. April war. Die Venus trug den Beinamen: «Apaturia», auf Deutsch: Täuscherin. «Frauengunst und Aprilwetter sind veränderlich», so zieht auch das deutsche Sprichwort die Parallele zwischen Liebe und Kalendermonat.

Römer, Inder, Gallier, französische Sitte, deutscher Brauch: Anscheinend hängt der Aprilscherz mit uralten Frühlingsriten und indirekt auch mit den Narrenbräuchen des Karnevals zusammen: Der Getäuschte, so kann man den Sinn in diesem Ritus sehen, symbolisiert den Winter, mit dem der Frühling nun machen kann, was er will. Und wie der Mensch über seine Possen, so soll auch die Sonne am Himmel lachen, ähnlich wie es im Jahr 1667 der Poet Johann Peter de Memel bedichtete: «Wir üben im Aprill die Leute durch vexiren / Und pflegen sie im Geschimpff herumb und anzuführen: / Man öffnet so den Witz / daß er sich thut herfür / Wie diese Zeit schleust auff / der Welt Lust / Nutz / und Zier.»

Von Sonntag bis Samstag Eigentlich ist es merkwürdig: Während unsere Maßeinheiten sich allenthalben am Zehnersystem orientieren, herrscht in der Zeitmessung anscheinend Willkür. Nicht zehn Sekunden, sondern 60 hat die Minute, und 60 Minuten hat auch die Stunde; und nicht zehn Tage, sondern nur sieben hat die Woche.

Der Grund dafür ist uralt. Die Babylonier, die unsere Zeitmessung begründeten, rechneten statt in einem Zehnersystem mit einem Sexagesimalsystem; und die Siebentagewoche richteten sie ein, weil sie sieben bewegte Himmelskörper unterschieden und als Tagesgötter verehrten: Sonne, Mond, Merkur, Venus, Mars, Jupiter und Saturn. Nach diesen benannten die Römer die Tage, als sie die orientalische Siebentagewoche übernahmen, und die Germanen übersetzten die römischen Götternamen zum Teil, wobei die Kirche an einigen Stellen eingriff.

Am Sonntag und Montag ist das alte Erbe noch heute ohne Mühe abzulesen. Auch beim Donnerstag und Freitag ist die germanische Wurzel leicht auszugraben. Den Freitag hatten die Römer der Liebesgöttin Venus gewidmet, die Germanen weihten ihn entsprechend der Frija. Der Donnerstag heißt nach der Himmels- und Donnergottheit Donar, einem der obersten germanischen Götter, war doch bei den Römern dieser Tag dem Himmelsgott Jupiter bestimmt, einer ihrer wichtigsten Gottheiten. Lange Zeit war der Donnerstag daher ein Konkurrent des Sonntags; bis heute fallen Feiertage wie Fronleichnam oder Christi Himmelfahrt auf Donars Tag, und auch der Gründonnerstag zehrt heimlich vom heidnischen Erbe.

Etwas schwieriger ist die Sache beim Dienstag. Die Römer hatten ihn dem Kriegsgott Mars geweiht; dessen germanisches Gegenstück war Ziu (oder Tyr; nicht zu verwechseln mit Thor, dem skandinavischen Namen Donars). Im elsässischen Dialekt, wo man «Ziestag» sagt, und in der Weltsprache Englisch, wo es «tuesday» heißt, hat sich der Name erhalten. Ziu war auch der Schutzherr der Volksversammlung, des Things (auf dem die wichtigen Dinge beraten wurden); und weil die Kirche das direkte Andenken an den heidnischen Götzen tilgen wollte, machte sie aus Zius Tag einen Things-Tag, woraus der Dienstag wurde. Radikaler noch verfuhr die Kirche beim

Mittwoch, eigentlich der Tag des römischen Merkur und des germanischen Wotan – daher englisch «wednesday».

Seltsamerweise liegt der Mittwoch gar nicht in der Wochenmitte. Aber das ist erst seit 1976 der Fall, als offiziell der Wochenanfang vom Sonntag auf den Montag gelegt wurde. Bis dahin orientierte sich die christliche Woche an der jüdischen. Dort ist unser Sonntag der erste Werktag, und der Sabbat entspricht unserem Sonnabend. Dass übrigens nicht der jüdische Sabbat, sondern der Sonntag als Tag von Jesu Auferstehung und allwöchentliches kleines Ostern der christliche Ruhetag ist, geht auf Kaiser Konstantin I. (307–337) zurück. Bis heute sind der Sonn- und die Feiertage gesetzlich geschützt als «Tage der Arbeitsruhe und der seelischen Erhebung», wie es die in diesem Punkt bis heute gültige Weimarer Reichsverfassung von 1919 im Artikel 139 bestimmte. Im Grundgesetz ist es Artikel 140, der den Fortbestand dieser Regelung gewährleistet.

Der Sabbat findet sich im «Samstag» wieder. So heißt der Tag im süddeutschen Sprachraum, der nicht vom lateinisch geprägten Westen, sondern schon früher vom griechischen Osten aus missioniert wurde. Der römische Tagesgott des «Sambaton», wie es auf Volksgriechisch hieß, war der Saturn, der sich im englischen «saturday» erhalten hat. Die Kirche setzte auf «Samstag» und «Sonnabend»: Zuerst nur ein Name für den Abend vor dem Sonntag, bezeichnete er später den ganzen Tag ähnlich wie der «Heiligabend» den ganzen Tag vor Weihnachten.

Warum aber kann man statt «in einer Woche» auch «in acht Tagen» sagen, wenn die Woche doch nur sieben hat? Wer weiß, dass die Römer ursprünglich eine Achttagewoche hatten, könnte ein Fortleben dieser alten Tradition vermuten. Dem steht allerdings entgegen, dass die Römer es nicht anders als wir machten und von «nundinae» (das ist verschliffen aus «novem dies») sprachen, von neun Tagen, wenn sie eine Wochenfrist vereinbarten. Des Rätsels Lösung ist einfach: Die Römer zählten die Frist nicht vom nächsten Tag an, sondern begannen mit dem Tag der Vereinbarung selbst. Und dieser Brauch hat, anders als die altrömische Woche selbst, offenbar überlebt.

Quintilis und Sextilis, die Sommermonate Dass der «Monat» nach dem Mond heißt, ist bekannt. Doch woher kommen die Namen der einzelnen Monate selbst? Kurz gesagt: Sie heißen entweder nach römischen Gottheiten und Herrschern oder geben einfach die Stelle im Kalender an.

Etwas ausführlicher: Der Januar heißt nach Janus, dem Schutzgott des Hauses und der Türen, der, weil Türen zwei Seiten haben, doppelgesichtig ist, eben ein Janusgesicht hat. Weil er der Gott des Eingangs ist, wurde er zum Schutzgeist des Anfangs und der Januar schließlich durch Gaius Julius Cäsars Kalenderreform im Jahr 46 v. Chr. auch zum Monat des Jahresbeginns. Der Februar hat seinen Namen nach dem Sühne- und Reinigungsfest Februa, das der inneren Säuberung und dem Hausputz diente. (Nebenbei: Mit dem etymologisch verwandten Fieber, lateinisch «febris», reinigt sich der Körper.)

Der März ist nach dem Ackerbau- und Kriegsgott Mars benannt, der Mai nach der altitalischen Wachstumsgottheit Maius oder der weiblichen Maia, der am 1. Mai geopfert wurde; der Name hängt mit dem Komparativ maius, «größer», zusammen. Der Juni ist auf den Namen der Juno getauft, was «junge Frau» bedeutet (der «Junior» hat dieselbe Wortwurzel). Ursprünglich – als Pendant zum Genius, dem Schutzgeist des Mannes – die Schutzgöttin der gebärfähigen Frau, wurde sie später zur Gemahlin des Göttervaters Jupiter befördert.

Zwei Monate sind nach Menschen, nicht nach Göttern benamst: Der Juli heißt seit 45 v. Chr. nach Gaius Julius Caesar, der August seit 8 v. Chr. nach Kaiser Oktavian, der sich selbst den Beinamen «Der Erhabene» gab, lateinisch: «Augustus». Hätte sich Kaiser Domitian (81–96) durchgesetzt, so gäbe es obendrein den «Germanicus» und den «Domitianus». So nämlich wollte der Kaiser, der seit einem siegreichen Feldzug gegen die Chatten den Beinamen «Germanicus» führte, den September taufen, in dem er die Herrschaft antrat, bzw. den Oktober, seinen Geburtsmonat.

Juli und August wurden zuvor Quintilis und Sextilis genannt, das heißt der fünfte bzw. sechste (ergänze: Monat), was seltsam ist, stehen sie doch an siebter bzw. achter Stelle. Das liegt an Cäsars Kalenderreform: Seither beginnt das Jahr mit dem Januar und endet im Dezember. Diese Umstellung bot sich an, weil schon seit 153 v. Chr. die Konsuln am 1. Januar ihre Ämter antraten und neben der Chronologie nach Jahreszahlen auch die nach den Konsulaten gebräuchlich war, was, weil Jahr und Konsulat sich nicht deckten, Rechenfehler begünstigte. Vor der julianischen Reform dauerte das Jahr von März bis Februar: Die Monate September (siebter), Oktober (achter), November (neunter) und Dezember (zehnter) zeugen vom alten Stand der Dinge.

Rätselhaft ist der Aprilis. Der römische Dichter Ovid leitete den Namen vom Verb «aperire» (öffnen) ab, weil im Frühling die gesamte Natur sich auftut. Oder er bedeutet in etwa «der dem ersten folgende, entgegengesetzte Monat», stand er doch im altrömischen Kalender an zweiter Position. Dann ginge «April» auf ein indoeuropäisches Wort der Bedeutung «ab, von, weg» zurück und wäre mit «aber» verwandt. Vielleicht hängt der Name auch, was dazu nicht im Widerspruch stehen muss, mit der griechischen Liebesgöttin Aphrodite zusammen, die die in der Toskana siedelnden Etrusker Aprodita nannten. Bei den Römern hieß sie Venus und führte den Beinamen Aprilis, was man als «Täuscherin» übersetzt. Tatsächlich feierten die Römer im Frühjahr ein Narrenfest zu Ehren der unberechenbaren Liebesgöttin. Zu diesem Attribut des Wetterwendischen und Hinters-Licht-Führen passt der Tag, der der Venus geweiht war, der 1. April.

Domitian wollte zwei Monate umbenennen, Karl der Große taufte sogar alle zwölf auf deutsche Namen, in denen sich der Jahreslauf von Witterung und Ackerbau spiegelte und die gut zur Lebens- und Wirtschaftsweise seines Bauernvolks passten. Nur für die höchsten christlichen Feste machte er Ausnahmen, den «Ostermond» April und den «Christmond» Dezember. Aber Ostern war zugleich ein germanisches Sonnenfest, und in den Dezember fiel das alte Mittwinterfest, weshalb man auch «Julmond» sagte.

Der Januar hieß Hartung, weil der gefrorene Boden hart war, der März Lenzing, weil die Tage wieder länger wurden: Althochdeutsch «lenzo» meinte «lang». Der Mai war der Wonnemond, der ursprünglich «Weidemonat» hieß, althochdeutsch «winnimanod» –

im Lauf der Zeit wurde also das althochdeutsche Wort für die Weide als «Wonne» missverstanden. Der Juni hieß Brachet: Die Brache war der unbestellte Acker, wo also Pflügen, Saat und Ernte für ein Jahr unterbrochen wurden. Im Juli, dem Heuert, wurde Heu gemacht; der August namens Ernting war der Monat der Getreideernte, der September als Herbstmond oder Scheiding die Zeit der Obsternte: Das Wort «herbst», althochdeutsch «herbist», geht auf ein Verb von der Bedeutung «pflücken, schneiden» zurück, was auch die ursprüngliche Bedeutung des Verbs «scheiden» ist. Der Oktober ist der Weinmond, der November schließlich der Nebelung.

Sonderbar wie der römische April ist der deutsche Hornung, der Februar. Bei den Friesen war «horning» der Bastard, und vielleicht heißt der Monat so, weil er in der Zahl der Tage zu kurz gekommen war: Ganz so, wie der Bastard, den die Frau ihrem mit Hörnern verzierten Ehemann unterjubelt, wohl stets zu kurz kommen wird. Da sich aber in den deutschen Monatsnamen nicht menschliche Fehltritte spiegeln, sondern der natürliche Jahreslauf zum Ausdruck kommt, spricht mehr für eine andere Erklärung: Im Februar werfen Rothirsche ihre Geweihstangen ab (die dann bis August neu wachsen). Genau genommen sind Stangen zwar keine Hörner, also Stirnzapfen wie bei Rindern oder Schafen. Aber so genau wusste man es vor 1200 Jahren wohl nicht. Wer weiß das heute schon!

Andere Länder, andere Kalender Fängt ein Jahr immer mit dem 1. Januar an? Kann ein Februar 30 Tage haben? Warum fällt Ostern jedes Jahr auf ein anderes Wochenende? Und was geschah eigentlich in Rom vom 5. bis 14. Oktober 1582? Wer sich in der Geschichte der Zeitrechnung auskennt, weiß die Antworten.

Wenn die Deutschen am 31. Dezember ausgelassen feiern und kurz vor Mitternacht die Sektflaschen entkorken, pünktlich um null Uhr mit Schampus anstoßen und einander ein frohes Neues Jahr wünschen, dann noch Böller krachen und Feuerwerksraketen zum Himmel aufsteigen lassen, dann, ja dann – werden Chinesen, Iraner, Juden und Muslime ziemlich gleichgültig bleiben. Für sie ist diese Nacht eine ganz gewöhnliche Nacht.

Viele Völker feiern den Jahreswechsel nicht vom 31. Dezember auf den 1. Januar, sondern an einem anderen Datum, und dieses muss nicht einmal für alle Zeit festgelegt sein. Während unser Jahresanfang immer auf denselben Termin fällt, feiern die Chinesen Neujahr zwischen Ende Januar und Mitte Februar, die Juden im September oder Oktober; die Iraner zu Frühlingsbeginn, also am 20. oder 21. März, und die Muslime – eigentlich überhaupt nicht. Für sie begann bereits an unserem 3. Oktober 2016 mit dem 1. Tag des Monats Muharram das neue Jahr 1438; doch ist der Jahreswechsel für sie kein Anlass zum Feiern, sondern eher eine Gelegenheit, das alte Jahr still Revue passieren zu lassen.

Nicht einmal alle Christen feiern die Jahreswende zur selben Zeit: Die Kopten, die ägyptischen Christen, haben Neujahr am 29. August, denn am 29.8.284 n. Chr. begann die «Märtyrer-Ära» mit dem Amtsantritt des römischen Kaisers und Christenverfolgers Diokletian. Die äthiopische Christenheit begeht es am 11. September, nach dem Ende der Regenzeit, wenn die Ernte reift und die Natur in voller Blüte prangt. Für die syrischen Christen im Libanon beginnt das neue Jahr am 1. Oktober. Sie orientieren sich am Kalender der Seleukiden, der Nachfolger Alexanders des Großen und Herrscher über Vorderasien; deren Zeitrechnung setzte am 1. Oktober 312 v. Chr. ein. Die Russisch-Orthodoxen schließlich zelebrieren Neujahr am 14. Januar, weil sie noch nach dem alten julianischen Kalender rechnen, der dem gregorianischen um zwei Wochen hinterherhinkt.

Andere Völker in anderen Kulturkreisen haben andere Kalender und zählen natürlich auch die Jahre anders. Zwar hat sich die «christliche Ära», die Jahreszählung von Christi Geburt an, infolge der politischen und ökonomischen Vormacht des Westens im internationalen Verkehr durchgesetzt und gilt auch in Ländern wie Japan, das schon 1872 unseren Kalender übernahm, der Türkei, die ihn 1927, und China, das ihn 1949 einführte – aber parallel den eigenen weiternutzt, dessen Neujahr auf den zweiten Neumond nach der Wintersonnenwende fällt. Ähnlich halten es die Muslime, die innerhalb ihres Kulturkreises nicht von Christi Geburt, sondern von der «Hedschra» an rechnen, Mohammeds «Auswanderung» aus Mekka, wobei der 16. Juli 622 als erster Tag des Jahres 1 gilt.

In Wirklichkeit fand der Auszug des Propheten zwar am 24. September statt. Aber Daten nach eigenem Ermessen festzulegen ist auch in anderen Weltreligionen übliche Praxis. Die Römer begannen ihre Jahreszählung «ab urbe condita», also mit dem Jahr 753 vor Christus, dem vermuteten Gründungsjahr Roms, und ihr Neujahr fiel nicht mitten in den Winter, sondern mit dem Frühlingserwachen der Natur zusammen: am 1. März. Bei den alten Griechen bildete der vierjährige Rhythmus der Olympiaden die Grundlage der Jahreszählung, die im Jahr 776 vor Christus einsetzte (und mit der letzten Olympiade im Jahr 385 endete). Die Olympiadenrechnung war allerdings eine eher akademische Angelegenheit, im Alltag hatte fast jede Stadt ihre eigene Zählweise; der Anfang des Jahres lag je nachdem zwischen der Sommersonnenwende im Juni und der herbstlichen Tagundnachtgleiche im September, dem Herbstanfang.

Bis heute eine eigene Zählung verwenden die Juden: Sie gehen vom 7. Oktober 3761 vor Christus aus, dem Tag, den sie aus alttestamentlichen Angaben als Tag der Erschaffung Adams errechnet haben. Unser Jahr 2017 ist das jüdische Jahr 5777 – jedenfalls bis zum September: Am 21.9.2017 ist Rosch ha-Schanah, das jüdische Neujahr 5778.

Noch weiter zurückgerechnet als die Juden hatten einst die Christen der Ostkirche: Im byzantinischen Kalender war der Stichtag der Welterschaffung der 1. September 5509 v. Chr. – in Russland galt dieser Kalender bis 1700. Erst Peter der Große schaffte ihn ab.

Auch wenn Juden, Christen und Muslime sich in ihrer Kalenderrechnung auf Gott, Gottes Sohn oder Gottes Offenbarung berufen, gemacht worden ist sie immer von Menschen. Entsprechend kann man sie außer Kraft setzen und aus politischem Kalkül eine andere verordnen. Das taten die revolutionären Franzosen, die zwischen 1792 und 1805 nach einem eigenen Revolutionskalender lebten, dessen Neujahr auf den 22. September fiel, den Tag, an dem 1792 die republikanische Verfassung in Kraft getreten war.

Das jüngste Beispiel ist das sozialistische Nordkorea: Am 9. September 1998 hat das Land eine eigene Jahreszählung gestartet. Sie beginnt in unserem Jahr 1912, dem Geburtsjahr des «ewigen Präsidenten» Kim Il Sung, der seit seinem Tod am 8.7.1994 das Land vom Jenseits aus regiert, mit «Chuch'e 1» (auch «Juche» geschrieben; gesprochen: «Dschudsche»; Bedeutung: «Selbständigkeit»); am 9. September 2017 wird demnach das nordkoreanische Chuch'e 106 eingeläutet.

Aber nicht nur Jahreszählung und Jahreswende sind mehr oder weniger willkürlich. Angenommen, Sie lesen diesen Beitrag am Mittwoch, dem 27. September 2017, nachmittags um 21 Uhr 30, so versteht sich keine dieser Zeitangaben von selbst. Nicht das Jahr 2017, denn die christliche Jahreszählung ist ja nur eine unter vielen, die an den richtig oder eher irrtümlich errechneten Zeitpunkt irgendeines Ereignisses anknüpft. Auch die Frage, was ein Jahr überhaupt ist und wie lang es dauert, kann ganz verschieden beantwortet werden. Da es nicht leicht festzustellen ist, wann die Erde ihre Bahn um die Sonne vollendet hat, orientierte man sich einst am Mond. Rund 29,5 Tage (exakt sind es 29 Tage, 12 Stunden, 44 Minuten und 2,8 Sekunden) braucht der Trabant für eine Erdumrundung, und zwölf Monate von abwechselnd 29 und 30 Tagen ergeben ein Jahr von 354 Tagen. Bis heute rechnen die Muslime nach einem solchen Mondkalender mit der Folge, dass das Neujahr sich gegenüber unserem Kalender alljährlich um elf bis zwölf Tage vorverlegt. Juden und Chinesen dagegen, die auch einen Mondkalender benutzen, legen regelmäßig einen Schaltmonat ein, weshalb manche Jahre sogar bis zu 384 Tagen haben.

Die Ägypter waren die Ersten, die nicht ein Mondjahr, sondern ein Sonnenjahr benutzten. Das wichtigste Ereignis ihres Jahres war die Nilschwemme, wenn der Nil über die Ufer trat und fruchtbaren Schlamm auf den Feldern ablagerte. Die Ägypter entdeckten, dass dieses Ereignis mit dem Aufgang des Sirius im Sternbild Großer Hund zusammenfiel, der sich alle 365 Tage wiederholt: Das früheste überlieferte Datum ihres Kalenders hierfür ist der 19. Juli 4241 v. Chr. Bis heute bewahren die «Hundstage» dieses Erbe. Würden wir übrigens, statt nach dem christlichen Kalender zu rechnen, diesen Tag als Ausgangspunkt nehmen, so lebten wir jetzt im Jahr 6258 und würden uns angesichts dieser großen Zeitspanne wohl sehr viel kleiner vorkommen – und zugleich allen vorgeschichtlichen antiken Kulturen erheblich näher fühlen.

Genau genommen dauert ein Sonnenjahr 365 Tage, 5 Stunden, 48 Minuten und 46 Sekunden. Deshalb ließ Gaius Julius Caesar von dem ägyptischen Astronomen Sosigenes eine Reform ausarbeiten, die alle vier Jahre einen zusätzlichen Schalttag vorsah. Auch dieser «julianische Kalender» aber war nicht perfekt, er hatte auf lange Sicht zu viele Schalttage. Im 16. Jahrhundert war der Kalender schon um zehn Tage hinter den Jahreszeiten zurück. Deshalb traf Papst Gregor XIII. eine einschneidende Maßnahme: Er ließ kurzerhand zehn Tage ausfallen und auf den 4. Oktober 1582 gleich den 15. Oktober folgen. (Was also geschah in Rom vom 5. bis 14. Oktober 1582? Nichts, weil es die Tage überhaupt nicht gab.) Außerdem sollten, um den Gleichschritt des «gregorianischen Kalenders» mit dem Sonnenjahr zu wahren, fortan drei Schalttage in 400 Jahren entfallen: Von den vollen Jahrhunderten erhalten nur jene, die durch 400 teilbar sind, einen 29. Februar. Deshalb hatte das Jahr 1900 keinen, wohl aber das Jahr 2000.

Die katholischen deutschen Staaten übernahmen diesen Kalender schon 1583, die protestantischen folgten bis 1700 – nachdem sie sich lange gegen dieses «Werk des Teufels und Antichrists, des Lügners und Menschenmörders» gesträubt hatten: So wetterte der Tübinger protestantische Theologieprofessor Jakob Heerbrand wider den Papst. Heute sind es keine religiösen Eiferer, die einen kleinen Einwand gegen den gregorianischen Modus äußern könnten, sondern Hinz und Kunz: Der Siebenschläfertag blieb auf dem 27. Juni, doch das Phänomen, das «wie an diesem Tag das Wetter sieben Wochen bleiben mag», tritt erst zehn Tage später ein.

Die Russen führten die neue Rechenweise erst 1918 ein. Das ist der Grund, weshalb ihre Oktoberrevolution von 1917 so heißt, obwohl sie eigentlich auf den 7. November fiel – jedenfalls nach gregorianischer Rechnung. Die russisch-orthodoxe Kirche hält (anders als übrigens die griechisch-orthodoxe) bis heute an der alten Methode fest, wonach eben Weihnachten auf den 7. und Neujahr auf den 14. Januar fällt.

Beim Jahr hat sich über Jahrtausende hinweg die Zeitrechnung an die natürlichen Gegebenheiten angepasst, wenn auch Zählung und Neujahr freie menschliche Zutat sind. Auch Monat, Tag und Stunde sind Einheiten, bei denen die Natur Modell stand, doch hat die menschliche Kultur etwas Eigenes daraus geformt. Der Monat heißt zwar nach dem Erdtrabanten und müsste eigentlich im Wechsel 29 und 30 Tage haben, wie bei den Sumerern des Zweistromlandes im dritten vorchristlichen Jahrtausend. Caesar aber wollte bei seiner Reform auf insgesamt 365 Tage kommen und zugleich den gewohnten Zwölfmonatsrhythmus beibehalten. Deshalb bekamen die Monate 30 bzw. 31 Tage verpasst, nur der Februar behielt 29.

Am 1.1.45 v. Chr. trat dieser Kalender in Kraft. Als man aber im Jahr 8 v. Chr. den 30-tägigen Monat Sextilis zu Ehren des Kaisers Augustus umbenannte, stockte man ihn um jenen Tag auf, den man dem Februar wegnahm, um nicht den «Augustus» gegenüber dem Gaius «Julius» Caesar zu benachteiligen. Seither kann es keinen 30. Februar mehr geben.

Bis heute spielt der Mond eine wichtige kalendarische Rolle. Warum nämlich fällt Ostern jedes Jahr auf einen anderen Termin? Ganz einfach oder eher kompliziert: weil Ostern der erste Sonntag nach dem ersten Vollmond nach Frühlingsanfang ist. Und weil das Mondjahr sich nicht mit dem Sonnenjahr deckt, kann dieser Termin auf 35 Tage vom 22. März bis zum 25. April fallen. Entsprechend verschieben sich die anderen Feiertage, Pfingsten zum Beispiel, das immer 49 Tage später folgt – weil auch die Juden an ihr Ostern, das Passah, eine siebenwöchige Festzeit anschließen, wie es das jüdische Gesetz laut 3 Mose 23,15 vorsieht.

Der Tag ist eine natürliche Einheit, der Wochenrhythmus von sieben Tagen aber ist eine menschliche Erfindung und stammt aus Mesopotamien, denn die Babylonier konnten – wie schon anderer Stelle gesagt – sieben bewegte Himmelskörper unterscheiden: Sonne, Mond, Merkur, Venus, Mars, Jupiter und Saturn. Die Juden vermittelten diese Woche über das Christentum den Römern; 321 n. Chr. führte Konstantin der Große sie ein. Die Römer selbst hatten bis dato eine achttägige Woche, bestehend aus sieben Tagen Arbeit und einem Tag zur Wahrnehmung der Bürgerpflichten, während die Ägypter ihre stets 30-tägigen Monate in drei «große Wochen» zu zehn Tagen oder sechs «kleine Wochen» von fünf Tagen teilten. (Eine Zusatzwoche von fünf Tagen beschloss den Jahreslauf, um auf

365 Tage zu kommen.) Wahrscheinlich war die früheste Einrichtung in der Tat die Fünftageswoche, denn fünf Finger hat die Hand.

Willkürlich sind die Wochentagsnamen: Unsere gehen im Wesentlichen auf die Namen von Sonne, Mond und den fünf Sternen zurück; die Chinesen, die einen 60-Tage-Zyklus kennen, geben den Tagen so poetische Namen wie «die Erde mit dem Drachen» und «der Blitz mit dem Tiger». Die Juden dagegen nummerieren die sechs Tage vor dem Sabbat (deutsch: «siebter») einfach durch.

Doch auch wir zählen prosaisch, und zwar die Monatstage, so dass man z. B. auf den 27. kommt. Üblich ist das erst seit dem sechsten Jahrhundert. Bis dahin galt die römische Zählweise: Danach wäre der 27. September der fünfte Tag vor den Kalenden des Oktober. Die Kalenden fielen auf den Monatsersten, die «Nonen» auf den 5. und die «Iden» auf den 13. – aber Caesar, der in den Iden des März ermordet wurde, starb trotzdem nicht am 13. März, denn keine Regel ohne Ausnahme: In den Monaten März, Mai, Juli und Oktober fielen die Nonen auf den 7. und die Iden auf den 15. Damit noch lange nicht genug, zählte man von diesen Tagen nicht vorwärts wie wir, sondern rückwärts, und obendrein rechnete der erste Tag mit: Vom 1. Oktober bis zum 27. September sind es vier Tage, aber der 1.10. zählt ja als fünfter Tag mit. Kein Wunder bei diesem verzwickten System, dass Voltaire spottete: «Die römischen Feldherren siegten immer, aber sie wussten niemals, an welchem Tag.»

Ein Wort noch zu diesen merkwürdigen drei Tagnamen des römischen Monats: Am ersten eines Monats rief einst der König, später einer der Priester das Volk zusammen; das Verb «calare» (zusammenrufen) gab deshalb dem Monatsersten den Namen. Die «Iden» bezeichnen den Zeitpunkt des Vollmonds und teilen den Monat in zwei Hälften, altlateinisch «iduare», im klassischen Latein: «dividere». Neun Tage vor den Iden liegen nach römischer Zählweise die «Nonen» – daher ihr Name, der neunte Tag, der Tag des ersten Mondviertels.

Weder der Wochen- noch der Monatstag, wohl aber der Tag selbst ist natürlich, bestimmt durch den Wechsel von Sonnenlicht und Nacht. Aber wann fängt ein Tag eigentlich an? Akkurat um Mitternacht? Das ist eine von Menschen gesetzte Regel, die sich erst mit genau gehenden Uhren durchsetzte. Gott selber machte es sich einfacher: «Da ward aus Abend und Morgen der erste Tag», heißt es in der Genesis 1, Vers 5, und noch heute beginnt bei seinem auserwählten Volk, den Juden, der Sabbat mit Sonnenuntergang, und zwar traditionell in dem Augenblick, an dem man einen grauen und einen blauen Faden nicht mehr unterscheiden kann.

Doch auch die heidnischen Gallier und Germanen dachten ähnlich: In ihren Mythen war der Tag das Kind der Nacht. «Nach ihrer Auffassung geht die Nacht dem Tag voran», berichtete Tacitus von den Germanen. Verständlich ist diese Auffassung: Denn wenn, wie es eben einst Brauch war, der Monat vom Mond abhängt und ein neuer Monat dann beginnt, wenn die Mondsichel erstmals nach dem Neumond wieder sichtbar wird – einfacher kann man einen Monat nicht eingrenzen –, dann muss in dieser Nacht logischerweise auch der erste Tag des Monats beginnen. Nach dieser Regel wäre also ein September-Mittwochabend um 21.30 Uhr bereits der Donnerstag, statt des 27.9. müsste man bereits den 28.9. schreiben.

Die Teilung des Tages in Nacht und hellen Tag ist vorgegeben, aber schon die Halbierung des helllichten Tages in Vor- und Nachmittag und erst recht deren weitere Unterteilung entfernen sich mehr und mehr von dieser einfachen Grundlage. Es waren die Babylonier, die mit Schattenmessungen den Mittag bestimmten und dann den Vor- und den Nachmittag in jeweils sechs Stunden einteilten, ein Verfahren, das man später für die Nacht übernahm, so dass man auf insgesamt 24 Stunden kam. Aus heutiger Sicht läge eine Zehnerteilung näher, doch die babylonischen Astronomen übertrugen ihre Erkenntnisse, die schon zur Siebentagewoche führten, auch auf die Tagesgliederung: Der Mittag war die Tageszeit der Sonne und die siebte Einheit, die anderen sechs wurden dem Mond und den Planeten zugesprochen.

Je nach Ort und Jahreszeit waren die Tage und Nächte ungleich lang, hatten aber immer jeweils zwölf Stunden – die folglich ebenfalls unterschiedlich lang waren. Das änderte sich erst in der Neuzeit, als die alten «Temporaluhren» durch die heute üblichen «Äquinoktialuhren» ersetzt wurden, die das ganze Jahr über gleich lange

Stunden anzeigen, wie sie eigentlich nur zur Frühlings- und zur Herbsttagundnachtgleiche herrschen.

Noch im 16. Jahrhundert hatten die Uhren nur Stundenzeiger. Es war der Schweizer Mathematiker und Astronom Jost Bürgi, der 1585 für den hessischen Landgrafen Wilhelm IV. in Kassel erstmals eine Uhr mit Minuten- und Sekundenzeiger konstruierte. Dass man die Stunde in 60 Minuten und die Minute in 60 Sekunden teilte, geschah zu Ehren der Babylonier, die nicht ein Dezimalsystem benutzten, sondern ein Sexagesimalsystem, ein Sechzigersystem. Altes Erbe ist es auch, dass sich die Zeiger rechtsum, eben im Uhrzeigersinn, drehen: Auf Sonnenuhren der nördlichen Hemisphäre wandert der Schatten von links nach rechts.

Die Uhrzeit hängt vom Sonnenstand ab – diese Binsenweisheit wird einem wieder bewusst, wenn man in die Ferne reist und am Ziel die Uhr umstellen muss. Noch im 19. Jahrhundert mussten Reisende sich dieser Mühe sogar innerhalb Deutschlands unterziehen, denn damals hatte jede Ortschaft ihre eigene Zeit. Doch als man nicht mehr mit der Postkutsche fuhr, sondern mit der schnellen, weite Strecken bewältigenden Eisenbahn, wurde die Sache unübersichtlich und bei der Fahrplangestaltung gefährlich. Deshalb benutzten die Eisenbahnverwaltungen ausgewählte Ortszeiten, die über den Ort hinaus gültig waren, so in Baden die «Karlsruher Zeit». Auch diese «Eisenbahnzeiten» konnten sich indes überschneiden: Am Bodensee mit seinen fünf Anrainern Schweiz, Österreich, Bayern, Württemberg und Baden waren fünf verschiedene Zeiten in Gebrauch. Erst die Einführung der Weltzeit, die Einteilung der Erde in 24 Zeitzonen, deren jede sich über 360:24 = 15 Längengrade = 1 Stunde Zeitdifferenz erstreckt, die Festschreibung des Nullmeridians, auf dem Greenwich liegt, und die Fixierung der internationalen Datumsgrenze, die in etwa auf dem 180. Längengrad vom Nord- zum Südpol verläuft, beendete den Wirrwarr. 1893 wurden in Deutschland die Ortszeiten abgeschafft und eine einheitliche Zeit für das gesamte Reichsgebiet eingeführt: «Die gesetzliche Zeit in Deutschland ist die mittlere Sonnenzeit des fünfzehnten Längengrades östlich von Greenwich» – die Mitteleuropäische Zeit MEZ.

«Die Zeit ist eine Uhr ohne Ziffern», schrieb der Philosoph Ernst

Bloch, und doch werden Sekunden, Minuten, Stunden, Tage, Monate und Jahre unermüdlich gezählt. Und da man beim Zählen nicht mit der Null anfängt, sondern mit der Eins, fängt auch jedes Jahrhundert mit einem Einserjahr an und endet mit der vollen Hundert. Das erste Jahrhundert begann also nicht im Jahr Null (ein solches gab es nicht), sondern im Jahr 1 n. Chr. und endete im Jahr 100, und das nächste begann im Jahr 101. Es ist klar, was das bedeutet: Dass die letzte Jahrtausendwende nicht auf die Nacht vom 31. Dezember 1999 auf den 1. Januar 2000 fiel, sondern erst ein Jahr später erfolgte. Aber die schöne runde Jahreszahl 2000 obsiegte über jede kühle Beweisführung.

Dass jedes Jahr, folglich jedes Jahrhundert und also jedes Jahrtausend am 1. Januar beginnen, ist dabei keineswegs gottgegeben. Im Gegenteil, noch das Konzil zu Tours 576 verdammte dieses Datum, weil es ein Datum des heidnischen Rom war: An diesem Tag traten die Konsuln ihre Ämter an und begann seit Caesars Reform das Jahr (das bis dahin, wie geschildert, mit dem 1. März angefangen hatte). Aber schließlich fand die Kirche auch für dieses Datum eine christliche Begründung: Im 13. Jahrhundert ernannte sie den 1. Januar zum «Tag der Beschneidung Christi». Im Jahr 1960 taufte der Vatikan ihn verschämt in «Oktav der Geburt des Herrn» um.

In Deutschland setzte sich der 1. Januar erst im 16. Jahrhundert durch. Bis dahin galt vielerorts der 6. Januar als «Groß-» oder «Hochneujahr», und die Spanne zwischen dem 25. Dezember und dem 6. Januar lag «zwischen den Jahren». Eine Reihe weiterer Neujahrstage konkurrierte lange Zeit mit dem 1. Januar: Der Ostersonntag, der 25. März und der 25. Dezember. Aber da Ostern ein bewegliches Fest war, wurde damit auch die Jahresdauer veränderlich, was unpraktisch und verwirrend war. Der 25. März fußte im Marienkult: Schon das Konzil von Ephesus 431 n. Chr. hatte Maria als «Gottesgebärerin» anerkannt, und durch einfaches Zurückrechnen um neun Monate fand man den 25. März als «Tag der Verkündigung Mariä», den man im Mittelalter auch «Marien empfanginge in der fasten» nannte. Den 25. Dezember begehen die Christen seit 354 als Fest der Geburt Christi. Viele Forscher behaupten, dass die Kirche geschickt an heidnische Traditionen anknüpfte, an das Wintersonnenwendfest und an die Feier der Geburt des Sol invictus, der unbesiegten Sonne: ein Sonnenkult, der in der Spätantike der gefährlichste Konkurrent des Christentums war. Kaiser Aurelian (270–275) hatte dieses Sonnengeburtsfest auf den 25. Dezember gelegt. Möglicherweise verhält es sich aber umgekehrt, und Aurelian nutzte einen christlichen oder jedenfalls anders vorgeprägten Termin, denn dass die Wintersonnenwende (die heute auf den 21. oder 22. Dezember fällt) am 25. stattfindet, war drei Jahrhunderte her, es war zur Zeit der Einführung des julianischen Kalenders zwei Jahre vor dem Tod des dann zum Divus Julius vergöttlichten Julius Cäsar.

Der wahre Geburtstag Jesu ist bekanntlich so unbekannt wie sein Geburtsjahr (ganz zu schweigen von der Frage, ob es Jesus überhaupt gab). Heute nimmt man meist 4 oder 7 vor Christi Geburt als Jahr von Christi Geburt an. Wenn man aber schon heute dieses Jahr nicht genau bestimmen kann, wie viel weniger war es früher möglich! Und aus diesem Grund ist es sogar eine staunenswerte Leistung, dass der Mönch Dionysius Exiguus im Jahr 525 sich um höchstens sieben Jahre vertat. Auf ihn geht unsere Jahreszählung zurück. Anders gerechnet haben später die äthiopischen Christen: Deshalb beginnt ihr Kalender in unserem Jahr 8 n. Chr., am 11.9. 2016 feierten sie Neujahr 2009.

Es ist nur ein Zufall, dass das äthiopische Neujahr in derjenigen Jahreszeit liegt, in die Jesu mutmaßlich wahrer Geburtstag fällt. Der nämlich soll, entgegen den Annahmen aller Christen (und auch der Äthiopier, die an unserem 7. Januar feiern), im August oder September gewesen sein. Gleichviel, als Jahresanfang taugte auch der 25. Dezember nicht – wohl einfach deshalb, weil ein Jahr nun einmal mit einem Monatsersten anfangen sollte. Entsprechend ist heute der Jahreswechsel festgelegt, und es steht fest: Auf Silvester folgt Neujahr, auf den 31. der 1. Wirklich? Wer am 31. Dezember fröhlich auf den 1. Januar hinzecht, kann noch eine Überraschung erleben, wenn er im Flugzeug sitzt und über dem Pazifik den 180. Längengrad schneidet, die Datumsgrenze. In Ostwestrichtung überspringt man hier einen Tag, umgekehrt wird einer doppelt gezählt. So kann es passieren, dass man auf dem Weg von Tahiti nach Australien kurz vor der Mitternacht des 31. Dezember einen Sekt bestellt, und gerade wenn man aufs Neujahr anstoßen will, ist es schon der 2. Januar und alles vorbei.

Auswahlbibliographie

Simon Akstinat: Akstinats faszinierende Fakten. Baden-Baden 2006.

«Ausgewanderte Wörter». Eine Auswahl der interessantesten Beiträge zur internationalen Ausschreibung «Ausgewanderte Wörter». Hrsg. Von Jutta Limbach. Ismaning 2007.

Hans Peter Althaus: Kleines Lexikon deutscher Wörter jiddischer Herkunft. München 2003.

Hans Peter Althaus: Zocker, Zoff & Zores. Jiddische Wörter im Deutschen. München 2002.

Ditte Bandini/Giovanni Bandini: Kleines Lexikon des Aberglaubens. München 1998.

Klaus Bartels: Wie die Amphore zur Ampel wurde. Neunundvierzig Wortgeschichten. München 1987.

Klaus Bartels: Wie der Steuermann im Cyberspace landete. 77 neue Wortgeschichten. Darmstadt 1998.

Horst Beyer/Annelies Beyer: Sprichwörterlexikon. Sprichwörter und sprichwörtliche Ausdrücke aus deutschen Sammlungen vom 16. Jahrhundert bis zur Gegenwart. Leipzig 1984.

Charles Berlitz: Die wunderbare Welt der Sprachen. Fakten. Kuriosa. Geheimnisse. Aus dem Amerikanischen von Lilian Faschinger und Stefanie Schaffer. München 1982.

Brockhaus Enzyklopädie, 24 Bände. Mannheim 1996–1999.

Thomas Bührke: Newtons Apfel. Sternstunden der Physik. Von Galilei bis Lise Meitner. München 1997.

Duden. Das große Wörterbuch der deutschen Sprache. 8 Bände. Hrsg. u. bearb. vom Wissenschaftlichen Rat und den Mitarbeitern der Dudenredaktion unter Leitung von Günther Drosdowski. Mannheim ²1993–1995.

Duden. Etymologie. Herkunftswörterbuch der deutschen Sprache. Bearbeitet von Günther Drosdowski u.a. Mannheim 1963. (= Der Duden in 10 Bänden. Band 7.)

Duden. Fremdwörterbuch. Bearb. vom Wissenschaftlichen Rat der Dudenredaktion unter Mitwirkung von Maria Dose u.a. Mannheim ⁵1990. (= Der Duden in 12 Bänden. Band 5.)

Duden. Herkunftswörterbuch. Etymologie der deutschen Sprache. Hrsg. von der Dudenreaktion. Mannheim ³2001. [= Der Duden in zwölf Bänden. Band 7.]

Duden. Redewendungen und sprichwörtliche Redensarten. Wörterbuch der deutschen Idiomatik. Bearbeitet von Günther Drosdowski und Werner Scholze-Stubenrecht. Mannheim 1992. (= Der Duden in 12 Bänden. Band 11.)

Duden. Zitate und Aussprüche. Herkunft und aktueller Gebrauch. Bearbeitet von Werner Scholze-Stubenrecht unter Mitarbeit von Maria Dose u.a. Mannheim 1993. (= Der Duden in 12 Bänden. Band 12.)

Jakob Ebner: Duden. Wie sagt man in Österreich? Wörterbuch des österreichischen Deutsch. Mannheim ³1998.

Hermann Ehmann: affengeil. Ein Lexikon der Jugendsprache. München 1992.

Etymologisches Wörterbuch des Deutschen. 2 Bände. Durchgesehen und ergänzt von Wolfgang Pfeifer. Berlin ²1993.

Egon Friedell: Kulturgeschichte Ägyptens und des alten Orients. Leben und Legende der vorchristlichen Seele. München 1967.

Geflügelte Worte. Der Zitatenschatz des deutschen Volkes gesammelt und erläutert von Georg Büchmann. Bearbeitet von Winfried Hofmann. Frankfurt/M. ³³1981.

Alfred Götze: Neuhochdeutsches Glossar. Berlin/West ⁷1967.

Jacob Grimm/Wilhelm Grimm: Deutsches Wörterbuch. 33 Bände. München ²1984.

L. [Louis] Günther: Die deutsche Gaunersprache und verwandte Geheim- und Berufssprachen. Holzminden o.J. [2001]. [Erweiterte Reprintauflage der Originalausgabe, Leipzig 1919.]

Christoph Gutknecht: Lauter blühender Unsinn. Erstaunliche Wortgeschichten von Aberwitz bis Wischiwaschi. München 2001.

Christoph Gutknecht: Lauter böhmische Dörfer. Wie die Wörter zu ihrer Bedeutung kamen. München ³1996.

Christoph Gutknecht: Lauter spitze Zungen. Geflügelte Worte und ihre Geschichte. München 1996.

Christoph Gutknecht: Pustekuchen! Lauter kulinarische Wortgeschichten. München 2002.

Harald Haarmann: Kleines Lexikon der Sprachen. Von Albanisch bis Zulu. München 2001.

Harald Haarmann: Lexikon der untergegangenen Sprachen. München 2002.

Handwörterbuch des deutschen Aberglaubens. Hrsg. von Hanns Bächtold-Stäubli. 10 Bände. Berlin 1927–1942.

Roland Hanewald: Spaß mit Sprachen. Bielefeld 1995.

Barbara Haschke/Gothild Thomas: Kleines Lexikon deutscher Wörter japanischer Herkunft. Von Aikido bis Zen. München 2008.

Eva Heller: Wie Farben wirken. Farbpsychologie, Farbsymbolik, kreative Farbgestaltung. Reinbek bei Hamburg 1989.

Uwe Hinrichs: Multi Kulti Deutsch. Wie Migration die deutsche Sprache verändert. München 2013.

Eike Christian Hirsch: Deutsch für Besserwisser. Hamburg 1976.

Claus-Jürgen Hutterer: Aufsätze zur deutschen Dialektologie. Hrsg. von Karl

Manherz. Budapest 1991. S. 409–425 (Deutsch-ungarischer Lehnwortaustausch).

Johannes John: Reclams Zitaten-Lexikon. Stuttgart 1993.

Ludwig Kapeller: Das Schimpfbuch. Von Amtsschimmel bis Zimtziege. Herrenalb/Schwarzwald ³1964.

Kleines Lexikon deutscher Wörter arabischer Herkunft. Hrsg. von Nabil Osman. München ⁶2002.

Kleines Lexikon untergegangener Wörter. Wortuntergang seit dem Ende des 18. Jahrhunderts. Hrsg. von Nabil Osman. München ⁶1992.

[Friedrich] Kluge: Etymologisches Wörterbuch der deutschen Sprache. Bearbeitet von Elmar Seebold. Berlin/West ²³1995.

Friedrich Kluge: Rotwelsch. Quellen und Wortschatz der Gaunersprache und der verwandten Geheimsprachen. Band 1. Rotwelsches Quellenbuch. Straßburg 1901.

Gerd Köbler: Wörterbuch des althochdeutschen Sprachschatzes. Paderborn 1993.

Wolfgang Krämer/Wolfgang Sauer: Lexikon der populären Sprachirrtümer. Mißverständnisse, Denkfehler und Vorurteile von Altbier bis Zyniker. München 2003.

Kurt Krüger-Lorenzen: Deutsche Redensarten und was dahinter steckt. München 1982.

Heinz Küpper: Illustriertes Lexikon der deutschen Umgangssprache in acht Bänden. Stuttgart 1982–1984.

Waltraud Legros: Was die Wörter erzählen. Eine kleine etymologische Fundgrube. München 1997.

Matthias Lexer: Mittelhochdeutsches Handwörterbuch. 3 Bände. Leipzig 1872–1878.

Matthias Lexers mittelhochdeutsches Taschenwörterbuch. Stuttgart ³⁴1976.

Lexikon der Antike. Hrsg. von Johannes Irmscher in Zusammenarbeit mit Renate Johne. Bindlach ⁸1987.

Lexikon deutscher Citate. Hrsg. von Alfred Hermann Fried. Leipzig o. J. [1888].

Hans Lietzmann: Zeitrechnung der römischen Kaiserzeit, des Mittelalters und der Neuzeit für das Jahr 1–2000 n. Chr. Durchgesehen von Kurt Aland. Berlin/West ⁴1981.

Ronald Lötzsch: Jiddisches Wörterbuch. Leipzig 1990.

Bernhard Maier: Kleines Lexikon der Namen und Wörter keltischen Ursprungs. München 2003.

Heike Olschansky: Täuschende Wörter. Kleines Lexikon der Volksetymologien. Stuttgart 1999.

Hermann Paul: Deutsches Wörterbuch. Bearbeitet von Helmut Henne und Georg Objartel. Tübingen ⁹1992.

J. Alan Pfeffer: Deutsches Sprachgut im Wortschatz der Amerikaner und Engländer. Vergleichendes Lexikon mit analytischer Einführung und historischem Überblick. Tübingen 1987.

Herbert Pfeiffer: Das große Schimpfwörterbuch. Über 10000 Schimpf-, Spott- und Neckwörter zur Bezeichnung von Personen. Frankfurt/M. 1996.

Julius Pokorny: Indogermanisches etymologisches Wörterbuch. 2 Bände. Bern 1959/1969.

Hans Reimann: Handbuch der deutschen Sprache. Berlin [2]1932.

Hans Reimann: Vergnügliches Handbuch der deutschen Sprache. Völlig revidierte Neuauflage Düsseldorf 1964.

Lutz Röhrich: Das große Lexikon der sprichwörtlichen Redensarten. 3 Bände. Freiburg i. Br. [2]1991/92.

Leo Rosten: Jiddisch. Eine kleine Enzyklopädie. Übersetzung und deutsche Bearbeitung von Lutz-W. Wolff. München 2002.

Rudolf Schmidt: Tierisches in unserer Muttersprache. Ein unterhaltsamer Beitrag zur deutschen Sprachkunde. Gerabronn-Crailsheim 1972.

Eike Schönfeld: Alles easy. Ein Wörterbuch des Neudeutschen. München 1995.

Wolfgang Seidel: Woher kommt das schwarze Schaf? Was hinter unseren Wörtern steckt. München 2006.

Alfred Sellner: Latein im Alltag. Alphabetisch geordnetes Nachschlagewerk von lateinischen Sentenzen, Zitaten, Sprichwörtern (...). Wiesbaden 1984.

Andrea Stiberc: Sauerkraut, Weltschmerz, Kindergarten und Co. Deutsche Wörter in aller Welt. Freiburg 1999.

Jo Teichmann: Was hat das Schwein mit Glück zu tun? Tierische Redewendungen von aalglatt bis wieselflink. Frankfurt/M. 1994.

Abraham Tendlau: Jüdische Sprichwörter und Redensarten. Als Beitrag zur Volks-, Sprach- und Sprichwörter-Kunde. Aufgezeichnet aus dem Munde des Volkes und nach Wort und Sinn erläutert. Nachdruck Köln 1998.

Wolfgang Trapp: Kleines Handbuch der Maße, Zahlen, Gewichte und der Zeitrechnung. Stuttgart [2]1996.

Edward Tripp: Reclams Lexikon der antiken Mythologie. Übersetzung von Raine Rauthe. Stuttgart [6]1999.

VENI VIDI VICI. Geflügelte Worte aus dem Griechischen und Lateinischen. Ausgewählt und erläutert von Klaus Bartels. Zürich 1989.

A. [Alois] Walde/J. B. [Johann Baptist] Hofmann: Lateinisches etymologisches Wörterbuch. 2 Bände. Heidelberg [5]1982.

Webster's Encyclopedic Unabridged Dictionary of the English Language. New York 1996.

Siegmund A. Wolf: Großes Wörterbuch der Zigeunersprache (romani tšiw). Wortschatz deutscher und anderer europäischer Zigeunerdialekte. Mannheim 1960.

Siegmund A. Wolf: Jiddisches Wörterbuch. Wortschatz des deutschen Grundbestandes der jiddischen (jüdischdeutschen) Sprache mit Leseproben. Hamburg 1993.

Siegmund A. Wolf: Wörterbuch des Rotwelschen. Deutsche Gaunersprache. Mannheim 1956.

Dieter E. Zimmer: RedensArten. Über Trends und Tollheiten im neudeutschen
  Sprachgebrauch. Zürich 1986.

duden.de.woerterbuch
planet-wissen.de
de.pons.com.
de.wikipedia.org [deutschsprachige Wikipedia]
en.wikipedia.org. [englischsprachige Wikipedia]
de.wiktionary.org

Index